成为您的美好时光

隐匿于日常生活中的真相

头 发
赋能的符号

hair _ SCOTT LOW

〔美〕斯科特·洛 _ 著

朱天宁 _ 译

上海文艺出版社
Shanghai Literature & Art Publishing House

献给玛丽·贝丝——我的赋能者与缪斯

目 录

1 序言 ….. 1

2 生物学上的头发 ….. 29

3 除去毛发 ….. 63

4 头发造型 ….. 111

5 恋慕头发 ….. 183

6 结论 ….. 199

索引 ….. 207

1
序言

> 参孙是古时候最强壮的大力士
> 没人能打得过他,这人尽皆知
> 可是当他和一个女人上了床
> 她却发觉这力量全在于他的头发上
> ——电台之王《男人聪明(女人更聪明)》(*Man Smart [Women Smarter]*, King Radio)

乍一看来,一本讲述头发的书或许有些荒唐。这有什么值得关注的?头发不过是一种死物,是我们身体里的腺体或皮肤上的鸡皮疙瘩推出皮肤表面的一绺绺角蛋白,参与构成了一个错综复杂的有机体群落,这群落被当作一个单独的人体——一个拥有独特属性与个性特征的人(很大程度上这不过是个错觉)。不就是头发吗?为什么不写写上皮细胞,胰岛或脾脏?

只是,头发是不一样的。它事关重大。它有着不可思议的力量,能够惹恼你的敌手,吸引潜在的爱慕者,激怒邻近之人,使你的爸妈无可奈何,在工作场合引发一片惊讶,找到志同道合的朋友,让你建立或重新建立自己的身份认知。尽管我们将头发视作自身的一部分,但它也是一件物体,足以在小盒或坟墓中保存几个世纪之久,而世界各地的文化均认为,至少在某些特定情况下,它可能保管着你的灵魂。

作为一个孩子,我是在主日学校里第一次

见识到头发的威力的。在那里,我们听说了参孙与大利拉的神奇故事。正如你也许记得的,古以色列人的士师与英雄参孙,从他那未经修剪的一头乱发中获得了超人的力量。学者们一直在对参孙这一头从未剪过的长发的重要意义进行细致详尽的思索。这头发是由他的母亲,而不是参孙本人,许愿得到的——那时上帝赐给了她一个孩子。从襁褓之中起,她就将自己的儿子参孙培养为一名拿细耳人,或称希伯来离俗人,这通常是一种由成年人自愿选择的暂时状态,并不施加于儿童。拿细耳人需要避免接触尸体,远离一切形式的葡萄制品,并且数年不理发,不剃须。在既定的神圣离俗期结束后,拿细耳人会向上帝献祭,并剃净面部和头部,在献祭的火中焚去这些毛发。

尽管名为拿细耳人,参孙却没有遵循这些规定的程序。他没有在结束奉神期的仪式上剃发，而是让头发又生长了几十年，以致形成了七个发卷。经过费尽口舌的劝说，在给出了几次骗人的答案后，参孙最终还是告诉那背叛了他的情人大利拉，他未经修剪的头发才是真正的力量之源。随后，她趁着他熟睡时剪掉了他的发卷。力量降为常人的参孙轻易就被非利士人[1]捉住，他们剜去他的双眼，将他贬为奴仆，又把他带到厅堂上嘲弄。随着时间的推移，他的头发又长了起来，他的力量也随之恢复。故事的最后，参孙拔起支撑非利士人的神庙的柱子砸在他们头上，并与之同归于尽。

他未剪的头发上究竟有什么玄妙，赋予了他如此强大的力量？由母亲而非参孙本人许下的誓愿如何能为他带来超人的威力？既然非利

---

[1] 非利士人：居住在迦南南部海岸的古代民族，公元前12世纪和前11世纪与古以色列人发生冲突。本书正文中脚注若无特别标识皆为译者注。

士人已经弄明白了参孙的力量之源，为什么还允许他的头发再长出来？儿时的我觉得这故事不可思议又令人费解。我好奇，我若是再也不剪头发的话，是不是也能产生超能力？可惜，这答案是得不到的；1950年代已不存在留长发的男人。我从没见过一个这样的人，于是推测他们已在世上灭绝了，就像披着长毛的猛犸象一样。

不过，这并不意味着每个人都对这故事感到困惑不解。比如，UFO宗教"雷尔运动"的先知/创始人雷尔（Rael，本名克洛德·佛里昂［Claude Vorilhon］，生于1946年）就告诉我们，参孙的头发起到脑电波天线的作用。当头发被剃掉时，他的脑电波信号也被截断，从而变得虚弱。

《圣经》中还有其他男性人物被描述为拥有一头茂密、壮观的长发。在大卫王之子押沙龙的例子中，他的头发似乎与一种自恋的性格息息相关，这种性格又与他的骄傲自得互为因果。以一种既有启发意义又颇为讽刺的方式，头发导致了押沙龙的死亡——在一场失败的暴动后，在逃离父亲军队的途中，他的头发缠在了一株橡树低矮的树枝上。押沙龙的自大——表现在他的长发上——直接导致了他的死亡。参孙的一头乱发显然有着截然不同的意义与强大得多的能量。

女人的头发在《圣经·旧约》中不如男人的头发那么引人注意；大多数有关于此的条规出现在《圣经·新约》中。我们无法依据古代的浅浮雕或雕刻品清晰地判断出《旧约》时代的女性发型，因为希伯来人反对具象的艺术。唯一留存至今的刻画来自古以色列人的敌人，他们不受禁止雕刻图像的习俗约束。在他们的艺术作品中，被俘的以色列女人通常全包或半包着头发，显示古代希伯来妇女不能在不包头的情况下公开出现。

对于头发在西方宗教历史与文化冲突中扮演的众多奇特角色，大多数西方人至少是略有所知的；但他们对其他文明则知之甚少。一切文明中都有关于发型，梳妆，脱毛，修饰的漫长庞杂的历史，而每一种文明亦有其变化多端，难以捉摸的各套含义。这是个令人着迷的研究领域，讲述我们自身的故事，也窥见他方的历史文化。

过去的五十年里，我们见证了无数时尚发型在北美的兴起与衰落，每一种都传达着多重的情感承载与内涵。我的童年，就像别人一样，不时经受着发型带来的精神伤害。尽管这些苦难的细节各不相同，但几乎每个人都能苦大仇深地讲述一堆关于糟糕的理发手艺、荒唐的发型选择（想想 1980 年代！）、同学取笑、邻里欺负,以及剧烈家庭矛盾的故事——这一切都是围绕着头发的无聊麻烦事。

1950年代末到1960年代的上半叶,我父亲坚持亲手为儿子剪发。他生长在大萧条时期佛罗里达州基韦斯特(Key West)的一个贫寒家庭,该地当时是美国最贫困的城市。是美国海军给了他一条出路,在第二次世界大战期间将他送进杜克大学,培养成一名物理学家。尽管他现在身为白领,已跃升至新兴的战后中产阶层,却仍然不打算将辛苦挣来的血汗钱浪费在给儿子理发上,1.25美元一次也不行——这价钱简直贵得离谱,特别是当他自己就能动手时。每月的最后一个星期六,他会拖出我们蹒跚学步时期用过的高脚椅,抓起他的西尔斯·罗巴克(Sears Roebuck)牌电动剪发器,安上使刀片保持在头皮之上半英寸距离的塑料指引片,就开始捕猎受害者了。我和我的两个弟弟各自逃散，绕着我家的房子疯狂奔跑、惊恐尖叫，一开始只是装模作样，但越叫越真——抱着一线能逃脱的希望。作为老大，我经常是最后一个被捉住的。令人难忘的是，偶尔有几次，挣扎反抗的我们甚至被绳子绑在椅子上，以便父亲完成他那令人发指的任务。（在今天敢这么干，你就等着社工上门吧！）接下来的四个星期里，我们被糟蹋过后的小平头会缓慢地长起来——参差不平，几缕翘着，大块趴着——只等再次惨遭毒手。

在1950年代到1960年代初，平头不仅仅是平常而已——它就是标准发型。如果你的头发竖起来了，你或许就该把它剃平——你的头顶后部平坦顺滑得像一块完美的郊区草坪——但无论如何，你的头发都不允许超过一到两英寸长。

当"垮掉的一代"及其后更广大的嬉皮士运动成员开始把头发越留越长时，主流社会一片震怒。1960和1970年代是美国社会矛盾十分尖锐的时期,充斥着大规模的反战抗议、风起云涌的解放运动、性革命以及隐约显现的大范围暴力——甚至可能是武装暴动——的幽灵。各阵营纷纷选边划线,而发型,特别是男人的发型,使参战者们得以快速识别各自身份。在"我们"与"他们"的重重对立中,各方都依靠发型来分辨敌我。在一个自认为"现代"的文化里,这是一段不同寻常的部落时代。

男性嬉皮士以其雌雄莫辨的外表而受到嫌恶——按照性别差异的逻辑,这是有道理的——毕竟,谁都会觉得开口询问"你是男生还是女生?"是件蠢事。纵观我们这个物种的历史,快速识别陌生人的性别一向对生存(以及可能的交配)至关重要。虽然人类社会中大概向来存在性别扭曲的个体,但一切文化都创立了着装与发型的清晰规则,以表明性别、往往还有婚姻状况。一般而言，我们人类对性别上的模糊不清容忍度很低。

然而在嬉皮士的长发被指责像是女孩的同时，他们也被嘲笑形似耶稣。这就匪夷所思了。在大多数宗教中，虔诚的信徒都会大费周章地使自己的外表更接近信仰的创始人，即便他们对于创始人实际外形的理解是值得怀疑的。以耶稣为例，学者们确信，在基督徒中广为流传的形象根本就是错误的。

耶稣时代的犹太男子留短发。耶稣本人几乎肯定也是如此。即便使徒保罗从未亲眼见过耶稣，他也认识很多见过耶稣的人。保罗确定他的救世主是短发的，因为他写道，"你们的本性不也指示你们，男人若有长头发便是他的羞辱么？"[1] 因此，西方艺术中的长发耶稣是错

---

[1] 本书中的《圣经》原文全部引用自和合本。

误设想的产物。尽管如此,人们依然广泛地相信耶稣留长发。过去两千年里成千上万创造出来崇奉的耶稣素描、绘画、壁画、雕刻与塑像远远盖过了学术性的事实。

这样看来,我们理想化、幻想中的耶稣形象应该是值得赞美的——长发、蓄须、脚穿凉鞋等等——或者说一定是这样,如果基督教也遵循其他宗教的模式的话。比如,保守穆斯林男子被认为会蓄长须,留短发和小胡子,因为这就是先知穆罕默德的造型。湿婆教[1]的苦行僧模仿他们一头脏辫的神祇湿婆[2],也蓄养繁杂纠缠的厚厚长发。佛教僧侣与尼姑剃光头,因为佛陀在他开启精神追寻之旅时就削去了满头须发。模仿你的创教者的发型总是错不了的。

---

[1] 湿婆教:印度教中四个最主要教派之一,尊崇湿婆为最高的神明。
[2] 湿婆:印度教三大主神之一,与梵天、毗湿奴并称,湿婆教信徒奉其为最高神。

如此看来，对嬉皮士模仿基督形象的负面态度是颇为反常的。它意味着，尽管艺术家们可以将理想化的基督描绘为阴柔的长发形象，一个同样造型的青少年人却是对一切美好、正派、神圣品质的冒犯。发型的规矩在情感上就是这么毫不讲理！

在我的家乡安阿伯[1]（Ann Arbor），1964至1972年间在沃什特瑙县（Washtenaw County）实行恐怖统治的治安官道格拉斯·哈维（Douglas Harvey）臭名昭著，他不分青红皂白地剪掉每一个被警官抓进"哈维的旅馆"的年轻男性的长发。大意的吸大麻者、粗心的骑车人，甚至还有倒霉被抓的乱穿马路的行人，都因他们的越轨行为收获了嗡嗡地一顿修剪。我认识的每一个人都对他恨之入骨，但他以自己

---

[1] 安阿伯：美国密歇根州沃什特瑙县的一个城市，是底特律都会区的一部分。

对心理学的直觉了解而赢得了一定声望。他知道怎么操控我们。更重要的是,这个治安官知道,男人的发型与社会秩序密切关联。新的发型意味着变革的态度,而变革就威胁着这个国家业已危如累卵的社会稳定性。长发在那时是文化战争的宣言,哈维——连同世界各地数不清的其他执法者——据守着"头发"的代际战争的前线战壕。这个治安官所作所为的历史渊源比他自己或许能意识到的更加悠久,因为惩罚性地剃掉被捕囚犯的头发是已知最古老的羞辱被征服者的方法。该方法依旧有效。

一度有希望当选总统的米特·罗姆尼[1](Mitt Romney)在竞选期间因其与"头发"的热切关系而广受议论。作为1960年代中期克兰布鲁克学校(Cranbrook School)意气风发的学

---

[1] 米特·罗姆尼(1947—):美国商人和政治人物,2012年美国总统选举的共和党提名候选人,败于寻求连任的贝拉克·奥巴马。

生，米特据说曾十分警惕地对那些他判断出的"变态"进行识别与处罚。他"年少无知"时最有名的一次，是带领一群同党袭击了一名学弟——这名学弟得意地展示自己所染的金发，还用刘海遮住了一只眼睛，于是招来了米特的怒火。在团伙里的其他男生压制住那惊骇不已的低年级学生时，米特用剪刀削去了那恼人的头发。据新闻报道，米特小集团里的其他男生回忆起当时的场景时都带着懊悔、愧疚与恐惧，可米特本人却声称对这段经历没有任何印象了，鉴于这场袭击只是年轻人的一时冲动，该事件也不过是记忆中一次莫名其妙的行为失检罢了。

几年后在斯坦福大学，当米特与一小群年轻的共和党人对一次大规模学生反战集会发起战前反抗议时，他们打出一条标语，要为对手免费剪发。看上去，已经在1960和1970年代的美国文化大战中自封为青年指挥官的米特，也不幸成为数以百万计郁结于"头发"这张心网的一员。

总归与之相称的是，作为总统候选人，米特本人的发型也成了公众嘲笑的对象。精心做了造型，染上哥特黑，鬓角处留下宽宽两条白发，来唤起特定年龄段的选民对情景喜剧《怪胎一族》（Munsters）的回忆，他的发型被看作全然是仔细设计的人工产物，用以呈现出一个精心营造，甚至可以说是虚假的形象，既表现他的公众角色，也象征着他的总统竞选。与我们所有人一样，米特与头发有着剪不断、理还乱的复杂关系。

在我1966年升入中学时，长发正开始变得寻常，但仍有触怒保守人士的力量。我和我的朋友们推动了学校着装规范的放宽。女生们的裙子越来越短；男生们的头发越来越长。偶尔有同学会被赶回家,但到1968年,规定放松得太快,甚至到了我们跟不上的地步。学校的管理者彻底认输了。1968年高中毕业进入大学后,我整整五年没剪过头发。

到了1970年代中期,男人留长发已经成了时尚标配,特别是在爱听乡村音乐的卡车司机中,他们在几年前还是嬉皮士的对头。在长头发征服纳什维尔[1](Nashville)之后,大多数嬉皮士很快另选了一款新发型,只有顽固的老派摇滚乐手和反主流文化的理想主义者依然故我。即使今天,在前往某家合作农场的路上,你也很有可能发现扎着稀疏花白马尾辫的男人,那辫子象征着他们飞扬跋扈的年轻时代,而他们如今已被家庭驯服。

所谓的"朋克",是既反叛嬉皮士,也反

---

[1] 纳什维尔:美国田纳西州的首府和第二大城市,被誉为"乡村音乐的圣地"。

叛主流社会的一群人，竭尽所能以自己的发型与时尚触犯尽可能多的人群，再度提升了离经叛道的程度。早期采用五颜六色的莫西干发型，或越高越好的刺头的朋克们，一定为自己招惹来的滔天怒火而心满意足！

在这个"后朋克"时代，看起来往往已是百无禁忌。发型，就像穿孔和文身一样，更多的是一种时尚呈现，而非政治或存在性的对抗，但这很可能只是一种暂时的缓和。新的发型战争一触即发，只不过是时间早晚的问题。

多名学者曾经试图找到一种潜藏在发型设计的象征意义下的普遍通用准则，一套放之四海而皆准的发型理论。这一目标被证明是难以达到的。看起来，虽然头发的造型总是有其含义，但这含义并不是固定或通用的——它会随着时间、地点与社会群体而改变——在世俗背景下，它事实上可以一夜突变。

在头发的象征意义上最引人注目的一点是，尽管这象征总是影响巨大、意义十足，可在不同的文化之间，任何一种特定的样式或理发方法都会带来一系列含义的交流——相似的、截然不同的，甚至直接对立的。头发可以与几乎一切产生强烈情感的东西发生关联，因此关于头发的戏剧性冲突总是不断在性别、两性关系、宗教与政治的领域内上演。很难想象一个关于头发的连贯一致的理论要如何产生，因为文化与文化之间，甚至同一文化或社会内部关于不同表现风格与模式的理解都是迥异的。最基本简单的举动，比如剃光头或蒙头，都没有一个固定的含义。战后法国强迫曾勾结纳粹的女性剃头，这和佛教尼姑光滑的头皮或者希妮德·奥康娜[1]（Sinead O'Connor）之间并

---

[1] 希妮德·奥康娜（1966— ）：爱尔兰流行乐女歌手，以光头的形象闻名。

没有明显的意义关联。门诺派[2]的女信徒不戴软帽就不能出门，郊区的少妇也总是在公园里戴着球帽，二者传达出的意思是完全不同的，虽然她们用来遮住头发的是同一类物品。

在有关"头发"的辩论战场上，没人能作中立的旁观者。每种发型都有其含义，无论使用该发型的人意图为何，可发型的含义不单单是由某一个体决定的；它是社会的，也是私人的。你尽可以相信你希望由自己或他人的发型呈现出的信息，但社会将以其集体观点否决你的个人判断，而其他个体也一样可以对社会共识进行辩驳，施加以自认为的含义。即便你觉得自己的发型没有什么含义，它依然在对每一个观察它的人传递信息。

---

[2] 门诺派：美国和加拿大的基督教新教教派，主张生活简朴，不当公务员或服兵役。

几年前的一次公休期间，我一直没剪发。我不是故意要宣示什么；只是忙得没工夫去剪。可我很快意识到，我的邋遢本身就是一种改变我与他人关系的有力宣示。我的表哥为此大怒；他坚持要我赶快剪发。我的家人对我颇为瞧不起。陌生人躲避我的目光。基韦斯特的杜瓦尔街（Duval Street）上，一个乞丐对我投来相认的会心一笑，点点头，递过一支烟，这时我意识到自己确实该理发了——还得穿得好一点。

因此，头发的染色、造型、精心打理、疏于打理、束起或披散一向都有其含义。虽然不同的观察者各有自己清晰的见解，他们对于这含义究竟是什么却可能莫衷一是。这真是纷乱复杂的"烦恼丝"。每个人对头发都有自己的看法，于是自然地，世界上的不同宗教传统对此也有一大堆各自的说法。

在犹太教、某些基督教派别和伊斯兰教中,男人和女人被要求在神的面前蒙住头发。你能在世界各地的教堂、犹太会堂与清真寺内见到五花八门的遮头物——罩袍、披巾、圆顶小帽、无边便帽、土耳其毡帽——专为适应这种宗教上的要求而设计。而在别处,例如北美的早期欧洲人殖民地,在上帝与世俗权威人物面前脱帽是表示尊敬的规定性动作。该习俗源于保罗在《哥林多前书》11:7—12中所述的内容,他写道,男人对女人持有权威,所以女人应该蒙住头以表示顺从。相应地,男人就应该脱帽,至少是在祈祷时。在马萨诸塞湾殖民地,几名贵格会[1]信徒因为遵从"只能向上帝致敬,不能向任何人类统治者致敬"的信仰,被处以绞刑。因为相信自己只应该在上帝面前

---

1 贵格会:基督教新教教派,主张废除礼仪,反对暴力和战争。

露出头部,他们顽固地拒绝在总督面前脱帽,这成为他们被处死的重要因素。1661年,英王查理下令停止对贵格会信徒处以绞刑,如果他没有这么做,肯定还会有更多的清教徒被杀。

当然,总体的"头发"是个庞大的话题;在这样一本小书中将其走马观花地过一遍也几乎不够用。因此我决定将着眼点局限于头发的宗教意义。为什么?好吧,主要的原因是我在过去的三十年里一直教授宗教研究,于是宗教成了我思考最多的课题,但也有一部分原因是,宗教对头发的关注程度比你一开始可能以为的要多得多。头发可以是社会性的也可以是私人的,可以时髦也可以故意土气,可以严肃也可以讽刺;可以从地理、种族与生物学的角度谈论"头发",但首先,我认为应该从宗教的角度出发。当然,我觉得一切话题都可以从宗教的角度分析。那么,从宗教的特定方面探讨"头发"意味着什么?

首先,我们要问清楚此处所指的"宗教"究竟是什么意思。答案本应是显而易见的,除非,事实并非如此。

"宗教"是一个可以进行多种解释的词语,对不同的人群有着不同的意义。尽管我们通常以为别人对我们使用的词语也共享着普遍的定义,可一旦超出了日常用词的范围,事情就往往不一样了。就连毕生投身于宗教研究的学者也不能始终对该词的含义达成一致意见。一些人认为,"宗教"指的是世界上几大主要信仰——也就是入门教科书里包含的那些——的教义与活动。另一些人认为,"宗教"与"文化"是广泛重合的,近乎难以区分。我们知道,就在几百年前,许多语言里还没有直接等同于英语"religion"(宗教)的词。然而,每一个社会对于思考和处理人类的基本问题——意义与目的，生命与死亡，疾病与健康——终究还是有着自己独特的态度、信念与实践。

在本书中，我们将从最宽泛的角度理解"宗教"，即大范围与"文化"重合，作为一套信念与实践，在这个动荡不定、危机四伏的世界里，使一群人得以找到或定义生命的意义，将一种神秘感或超脱感，抑或仅仅是慰藉与安定灌注入他们的日常活动。

关于"头发"，已经有大量精彩的书籍——既有学术性的，也有通俗性的——从其他角度与不同的学科对这一课题进行了解读。在我检索该课题时，甚至还发现了比图书更多的文章，其中不少展现了高明的洞察力。

那么，为什么还要再写一本关于头发的书呢？好吧，当开始调查这一选题时我意识到，尽管几乎每个人都注意到了头发与宗教之间深远的关联,但这份关联却还没有以其应得的关注而得到探讨。而且,在与朋友和同事的交流中,我意识到几乎没人对现存文献中关于头发的内容有哪怕粗浅的了解。"真相"就在那里,可是源流千头万绪,基本已湮没无闻。本书将扫视世界各地关于头发的习俗条规,找寻有据可查的意义。自然,包罗万象是难以做到的,但我们会力图找出一些重点。

当然,头发的象征力量远远延伸出了宗教的范围,进入了政治、时尚、音乐亚文化、族群身份以及更广泛的社会潮流领域。而有的时候,一个发型——即使是离经叛道的发型——也许根本没有什么了不得的象征性主旨,很可能只不过表示"我多性感""我烦了""自暴自弃了""不能给你看见秃斑",或者平平无奇的一句骂人话。

本书将从简短介绍头发的生物学特征开

始，随后在以点带面的全球纵览中观察剃发、蒙发、造型与染发、恋慕头发等等的行为与意义。我们会发现，头发实在是难以驾驭，也鲜少服从分类。每一种传统中关于头发的规定都充斥着自相矛盾的条例，有时在于相互敌对的宗教之间，但大多还是各宗教内部的冲突，使它们的分类富于挑战性。

2

生物学上的头发

头发是什么？

关于头发，每个小学生学到的第一个知识点就是，它与流着热血、呼吸空气、胎生繁殖以及哺育幼体等特征一起，标志着我们人类属于哺乳动物。所有的哺乳动物都有毛发，就连海豚也有，虽然它们的外表看上去就像光滑的灰色橡胶。鸭嘴兽不像是典型的哺乳动物，因为它们是卵生而非胎生，但就连它们也以从原始的缝状乳头中泌出的温热奶水哺育幼崽，并且它们也有毛发，由此将它们划入了哺乳动物的阵营。所以，头发是我们身为哺乳动物的必要标识。

毛发和指甲是我们身上唯二可以剪掉后定期再生的部分。方法得当、地点合适、剪发者的技术也合格的话，除去毛发的过程可以是无痛的——绝不像切掉手指那样。身体会替换血液——如果失血量不足致命的话——部分受损的肝脏会重新生长，我们的细胞也在连续不断地更新换代，但头发和指甲是不同的。它们会完全地再生，生长到超出生物性需要的长度，还能在脱离身体后独立存在很久，没有肉眼可见的变化。甚至有人相信它们能在死后的尸体上继续生长。尽管这一点并非事实，但世界各地的人们都这么认为。人们广泛地、甚至可能是普遍地相信，剪下的头发和指甲与它们的原主人有着强烈的关联；许多文化相信，它们包含着原主的灵魂本质。头发的自我更新特质使其特别适合在各种仪式上被剃掉,比如成人礼,服丧,以及其他代表转变、悲伤和重生的戏剧性转折。

毛发由角蛋白组成,那是一种构成我们的手指甲和脚趾甲的、以蛋白质为基础的聚合物,这种材料在其他物种身上则转化成了毛皮、茸角、犄角、翎毛、鳞片、鲸须以及贝壳等等。我们的毛发发源于皮肤深处的发根,而它一旦长出,其可见的部分就是死去的,由相对惰性的蛋白丝组成。它是一件物体,不是器官或活物,尽管人们常常把它看作活的。

许多拉斯塔法里教徒[1]与锡克教徒[2]认为头发是一种活着的有机体,而常识性的观察也支持他们的观点。头发不断生长,而且还有特定

---

1 拉斯塔法里教:起源于牙买加的一个教派,崇拜前埃塞俄比亚皇帝海尔·塞拉西,并认为黑人将返回非洲大陆。
2 锡克教:15世纪晚期产生于旁遮普地区的一种一神论宗教。

的形状——有的卷曲，有的是波浪状或直的，常常是在同一个人身上——对那些长着"固执"头发的人来说，很容易相信头发有它自己的独立意志与个性。它简直就像是一种桀骜不驯的生物。

人类全身上下只要是有皮肤的地方都长有毛发，只有脚底、手掌和眼睑是例外。我们的身上平均有大约1000000个毛囊，其中约十分之一位于头部。毛发生长在大多数人希望的地方——男性的头和脸，女性的头上——长在审美价值有争议的地方——腋窝，趾端，私处——也长在一些人不希望它生长的地方——臀缝，女性的下巴，老人的耳朵，还有鼻子等等。

生物学家已经指出，随着时间的推移，人类的幼态正延续得越来越长，即在成年后具有越来越幼稚的外表。幼态特征的保留——圆润的面容,"婴儿肥",相对无毛的身体与脸庞——被认为能引发一种天生的照护本能,为大多数哺乳动物在不同程度上所固有。这是个聪明的进化策略,使年长者来照顾年幼者(有时并没有那么年幼!)。

"幼态延续"的作用对犬类大有好处。成熟以后,即使是最邋遢的杂种狗也比成年的狼更接近幼崽的外表,从而激发了人们更多的喜爱。它们长得越可爱,人们通常要求它们干的活儿就越少。如果它们的外表足够迷人,又有相应的饲主,它们就可以过上皇家一般的奢侈生活,而这只不过是凭着稚嫩的外表。

随着进入青春期,人类开始失去那些诱发关爱的特征。身体开始变长,毛发在尴尬的地方萌发——如今大多被隐藏在衣服之下——面部轮廓也变得愈发棱角分明,因为荷尔蒙会重塑我们的身体。尽管如此,据信现代人类比我们的早期祖先保留了更多幼态特征。毛发浓重、满脸皱纹、弯腰曲背的"穴居人"是经典的卡通形象,生动诠释了缺乏"幼态延续"的结果。

现代人类中,"幼态延续"的作用在女性身上尤为显著。她们不仅一般比男人毛发更少,体型更圆润,保留了战略储备的脂肪,终生的音调都像孩童一样更高,而且通常没有男性那么大的蛮力。(不过,她们展现出更强大的耐力,实际上在许多方面比男性更坚强。)不同于其他动物种类——比如鸟类——人类女性(至少是在西方世界)通常比男性更加绚丽多彩、善于打扮,尽管这一规律并不适用于所有的文化与历史时期。在大多数社会中,她们创造出诸多煞费苦心的梳妆方法,用以提升她们的青春美貌。其中许多梳妆法都涉及头发。

女人倾向于比男人花更多的时间为头发做

造型——尽管在不同的文化和历史时期之间差异巨大——而且女人祛除体毛已经有了至少5000年的历史，这大概是因为光洁无毛的脸庞、腋窝、双腿和下体看上去更易激起男性的照护欲。我们被训练得将体毛较少的身体视作"女性化"的，但儿童的身体也同样如此。近年来的西方男人也在越来越多地佯装幼态，剃去面部与身体上的毛发，在过去不可想象的地方刮毛打蜡。男性脱毛在世界上的其他地方则有长得多的历史。

日本的原住民阿伊努人创造了为数不多的抗拒这种潮流的人类文化之一。经过与日本主体民族许多代的同化，虽然纯种基因的阿伊努人已不复存在，但即使是残存的拥有稀释阿伊努基因的人群也以其丰沛的毛发量引人注意。阿伊努男人有令人羡慕的大胡子，而直到近代，阿伊努女人还以小胡子式的嘴唇刺青为美，尽管日本帝国政府下令禁止这么做。阿伊努人传统上崇拜熊，这或许不是巧合。

人类的毛发分为各种类型：我们头部、身体与阴部的端毛；多半在女人和孩子身上可见的无色"桃子绒毛"——毫毛，在男人身上却往往隐藏于更粗野的端毛之下；还有胎毛，子宫内胎儿身上生长的柔软绒毛，在胎儿出生之前转化为毫毛。奇怪的是，在厌食症患者挨饿时，胎毛常常又会在他们的脸上和身上作为可见的细毛重新出现。

典型的人类头上有 100000 到 150000 个毛囊，每个毛囊都遵循其个体的生长、休眠与最终脱落的周期。任何时候，我们头上都有 90% 的头发处于生长周期，依个人遗传基因的因素，该周期一般持续二到七年。如果我们身上所有毛囊的生命周期同步，就如某些哺乳动物身上那样，我们就会像晚春的熊一样脱毛了。

与此不同的是，我们的一生中一年四季每个月都会失掉一部分毛发。考虑到一般头发以大概每月半英寸的速度生长约三年，大多数人类的头发不可能长到比 18 英寸长多少；不过端毛的长度就像其他人类特征一样符合钟形曲线的分布，一些人类展示出惊人的长发，以及相应活力十足的长寿毛囊。

几乎所有人都欣赏头发。一头茂盛的头发传递出一种健康年轻的气质。它是充满魅力的，代表生机活力以及于男性而言的生殖力，虽然事实上，男性秃头经常与更高的睾酮水平相关，由此可推测拥有更强的雄风。（太监很少会秃头；这是阉割带来的料想不到的好处之一。）

可是有头发固然好，没有头发却常常会招致负面的评价。与此相反的是，耻毛被普遍看作尴尬可耻的，并且在现代社会中与其部分覆盖的生殖器一起被隐藏于衣物之下。直到近代为止，西方艺术一向回避在裸体雕塑或绘画中呈现女性的耻毛或其他此类的体毛。描绘男性的耻毛时，通常也要表现得较为浅淡与非写实化。就连声称要颂扬天然解放人体的现代裸体主义者，也倾向于修剪或除去自己的耻毛。

耻毛比头发要短很多，因为其在掉落前仅仅生长大约六个月。耻毛一般是卷曲的，在长出皮肤时受到椭圆形毛囊的束缚。（许多人的头发毛囊相对较圆，因此产生出较直的头发。）亚洲人的耻毛往往比较直，这大概是由于他们毛囊的形状。同时，耻毛也相对比较稀疏。

按照毛发的颜色、毛根的密度、卷曲的程度、毛缕的厚度以及其他易于测量的特质，人类毛发可以依不同的体系进行分类。在近些年的 DNA（脱氧核糖核酸）技术发展以前，犯罪调查中普遍使用毛发类型学的司法鉴定手段，这种方法往往是高度依赖主观印象的，在辨认真凶时经常导致冤假错案。

今天我们知道，毛发的DNA中包含我们物种的全部进化史，同时也提供了一种辨认每个人身份的手段，比指纹更可靠。我们的毛发也包含着身体的化学物质暴露史——环境污染物，有毒金属，毒品——它是可以解读的，类似于树干上的年轮，构建出一份我们过往经历的记录，使刑侦鉴定科学家得以追溯我们的行踪，测出我们的污染暴露经历，估测我们的不良嗜好。我们的私密个人史可以被重新构建，只要毛发还在。早在DNA被发现的很久以前，全世界各种文化的人们都会小心处置自己剪下来的头发，因为感觉自己死去的头发和活着的灵魂之间的联系可以为敌人所操纵，达到恶毒的目的。鉴于相关信息如今可以从毛发分析中得到，或许我们也应该对此更小心些。

DNA 研究得出的最令人震惊的发现之一,是我们人类的祖先——或者说至少是那些走出非洲的祖先——曾经与其他现已灭绝的早期人科亚种进行杂交,这在十年前还会被斥为荒谬之辞。只需花几百美元,你就能得到一份精确的远祖 DNA 百分比解读报告。(我很高兴地发现,我是 2.6% 的尼安德特人[1]和 1.7% 的丹尼索瓦人[2]!)不管这些研究成果是正确的还是会被未来的发现所推翻,它们仍然是新奇有趣的。

看上去,大多数遗传自其他早期人类亚种的 DNA 都已随着时间的流逝而丢失,但一些精选的尼安德特基因序列被保留下来,最可能

---

[1] 尼安德特人:一群在旧石器时代广泛分布于欧洲的已灭绝人种,1856 年,其遗迹首先在德国尼安德河谷被发现。
[2] 丹尼索瓦人:人属内一个已经灭绝、经由古人类化石的 DNA 所发现的人种,可能在更新世晚期生活于亚洲大陆,2008 年在西伯利亚南部阿尔泰山丹尼索瓦洞的古遗址中发现。

的原因是，这些基因序列授予了在撒哈拉沙漠以南地区构造更纯种智人的过程中遗失的宝贵抗病结构。与本书更相关的一个奇特事实是，在起源于欧洲、中东和亚洲的现代人类中识别出的数个尼安德特基因参与到了角蛋白——也就是头发与指甲——的产生中。

人类毛发的天然原色是黑色；其他颜色是由于基因发生了决定毛发颜色与质地的突变。浅发色——从金色到红色和紫红——看起来是在我们已经灭绝的尼安德特祖先的 DNA 中找到的一个相类似突变的结果，现在我们知道，尼安德特人的毛发微红，面色浅淡。（产生红色和金色头发的突变也会产生苍白的肤色。）目前，人们对产生浅色毛发和皮肤的现代人类基因序列的来源莫衷一是。有些人认为该突变是直接从尼安德特人传递到现代人的；另外一些人宣称，现代人身上的突变是独立产生的。

25　最近有人提出，假设是尼安德特人给了我们浅色毛发与皮肤的基因，那么在北欧广泛分布的红发应与那里残存的尼安德特血统有关。除此以外，红发还与其他令人向往的特质相联系，包括较高的镇静与耐痛阈值。

发色常常被用来对个体产生刻板印象，这种方式明显是武断而随意的，虽然在历史上可以发现众多惊人的关联。比如，金发的人不仅更有趣，人们还认为他们轻浮、头脑浅薄，或许还私生活混乱。我们会看到，这种现代刻板印象的古代来源可能存在于至少 2000 年前的罗马法律中。

头发有什么用？

为了保暖？鉴于体毛的覆盖普遍稀疏，对于大多数现代人而言，这样的保暖作用接近于无。据推测，"体毛不够保暖"正是人类历史上很早就发明了衣服的原因之一,尽管一些毛发特别浓重的人类也许拥有足够的体毛,为自己在寒冬酷暑中稍稍保温。

为了遮阳?其实,头发的遮阳效果并没有结实的皮毛那样好,但仍然可以很好地遮住头部,如果够长的话或许还可以遮住肩,那些白皮肤的人类一定很不喜欢太阳的炙烤。在遮阳需求强烈的非洲,人类的头发普遍是卷曲的,几乎不会遮蔽头部以外的任何部位。皮肤的色素沉淀就够了。

头发是为了提高性吸引力吗?好吧,正如使徒保罗在《哥林多前书》中写道,女人的长发"乃是她的荣耀",这听上去似乎承认了头发的性吸引力。然而,这句话的语境指的并不是这个意思。保罗接着强调,"因为这头发是给她作盖头的。"他似乎认为,头发可以或应当为女人起到隐藏面目、保持端庄的作用。可是正如我们将看到的，披散的女性长发在人类历史上一向被看作性的诱惑，甚至危险到必须为了端庄与自保而剪掉或盖住。头发的作用绝不只是一个遮盖物，一个角蛋白做的头巾。

人们经常认为，毛发——尤其是生殖器与腋窝处的毛发——是用来更好地保留体味与费洛蒙的，它可以作为一种强有力的性吸引物。我的智商使我反对如下的观点，即我们与其他人类之间的关系是由下意识的感官输入所驱动，而这种下意识的感官输入由我们的意识无法察觉的微妙体味与强力费洛蒙控制。任何与逻辑思维如此相悖的概念很可能都是真的吧。

我们的确知道，在人类中，耻毛与腋毛是性成熟的主要标志，直观表现我们的生殖潜力。其他灵长目动物的身体都覆盖着一层近似外套的皮毛，在生殖器或腋窝处没有显著的毛簇；成年母猿可接受交配的迹象是生殖器在发情期的膨胀和颜色发亮。看起来值得注意的是，人类是唯一一年到头都可以交配的猿，也是唯一以毛发的生长作为性成熟的外观标志的猿。（倭黑猩猩也成天鬼混，但就像其他非人类的猿一样，只有在雌性处于发情期时才能进行具有完全生殖力的交配。）

头发可以——或者说应该——用来区分性别吗？好吧，确实可以，并且在大多数文化中通常都是这么做的，尽管面部轮廓与腰臀比也许是更可信的指标。有时候，比如在西方，头发的长度是披露性的因素，但或许更普遍的是，头发披散或束扎的方式才是区分男女的关键。在许多文化中，男性依传统蓄长发，因此"男人的头发比女人长"的假设根本是行不通的。在美国，至少从南北战争开始，男人就被认为应该留短发，那时对战斗中的卫生、整齐、秩序与视野畅通的关注，比早先战争中野蛮长发士兵培养出的可怕凶性更重要。到了二十世纪的开端，男人留长发已成了离经叛道、骇人听闻的事了。至少有一个新兴的美国宗教运动就设法利用他们离经叛道的发型与令人困惑的性别带来的冲击力，建立起一个繁荣兴旺的娱乐帝国。

长发、棒球与世界末日

1973年，我和弟弟在密歇根州本顿港（Benton Harbor）偶然碰到了大卫教会[1]（House of David）。该教会创立于1903年，是二十世纪初最成功的另类宗教之一，有数百名虔诚的全职成员共同生活在教会广阔的自有土地上。

大卫教会复杂的神学背景可以经过几个

---

[1] 大卫教会：正式名称为"古以色列大卫教会"（The Israelite House of David），1903年由本杰明和玛丽·珀内尔在密歇根州本顿港创立的教派，非1993年"韦科惨案"中的大卫教派（Branch Davidians）。

"基督教古以色列教派"（Christian Israelite tradition）自封的先知，追溯到英国空想家乔安娜·索思科特（Joanna Southcott，1750—1814）的千禧年启示。大卫教会的创始人本杰明·珀内尔（Benjamin Purnell，1861—1927）自称是从前的先知预言过的救世主。在他们的社区内，他的话语就是法律，他绝不容忍任何异议。他要求追随者禁欲、食素，任由头发和胡子自由生长。虽然该团体的教义以《圣经》为基础，他们却断然自绝于二十世纪的基督教新教主流。

随着社区的发展，其商业经营蒸蒸日上，终于使该团体兴旺发达、势力强盛。然而，到了我们去的时候，该社区已是明日黄花，颓势明显。我们待在那期间从没见过有其他访客。我们在这片曾经辉煌的土地上见到了五六个团体成员，当他们的父母加入大卫教会，接受严苛的生活方式与该团体信奉的"终结时代"理论时,他们还是孩子。如今,他们长达腰际的头发与大胡子已经花白。

1920年代中期,正当大卫教会如日中天之时,密歇根的各家报纸开始报道,被信众们当作"信仰的中心""救世主""第七位信使"和"第七封印的启示者"的本杰明·珀内尔正与教中的众多年轻女子和少女秘密发生关系。这一丑闻使批判思想家沦为了两面派,因为珀内尔向来强调"性是永生的对立面",性绝不能出现在他和他的追随者正在创造的"新伊甸园"中。性确实没有出现在他那几百个虔诚追随者的生活中。教会内部真正的信徒对这些丑闻(以及随后的法律诉讼和刑事审判)不屑一顾,但该社区还是在其晚节不保的创始人于1927年过世后分崩离析、苦苦支撑。

由于禁欲及鲜少有新人皈依,该运动自然

已难逃衰落的命运，特别是在珀内尔对教众许下的"永生"承诺被证明为假之后；这位救世主在普普通通的六十六岁死于结核病，令人失望的是，死后并没能复活，这已说明了一切。与我们交谈的老头老太太是这个曾经强盛而富有创造力的社区最后的遗存者。一开始，我想他们是太忙了，又或许是过于谨慎，因此不愿与我们这些陌生的年轻访客多说，但后来老头们对我们渐渐热络起来。可能他们将我们当成了同路人，或者至少能和他们有些共鸣吧；我们也是素食者，也熟读《圣经》中关于人类命运的预言，也有一头披肩长发。无论原因为何，他们的小心提防换成了带着戒备的接纳。我们度过了一个美妙的印第安式夏日午后，在老人们对往事的追忆中沉醉于落日余晖。

  在1920年代的大卫教会度过童年显然是一段激动人心的经历。尽管该团体教规森严、生活方式严苛，但他们拥有几十家农场与果园，品种广泛的种植作物，一家素食餐厅，一家露天啤酒馆，密歇根湖上的一座私家小岛，还有最重要的——一座广阔的游乐园，或许是当时世界上前无古人的最棒的娱乐综合体。这些老人小时候曾在游乐园里尽情撒欢，他们还动情地谈论起在高岛（High Island）——海狸群岛[1]（Beaver Island archipelago）中的第三大岛上进行的夏日冒险。我们去的时候，游乐园衰败的废墟依然可见，我记得看到了几英里长的轨道，以及一座动物园和一座大型贝壳状露天舞台的遗迹。

头发的话题贯穿了我们谈话的始终。大卫教会的男人和女人一律都留着光亮的长发，所有的男人都蓄大胡子。他们没有解释为什么要

---

[1] 海狸岛：美国密歇根州密歇根湖上最大的岛屿。

留长发，至少我实在想不起来了——不外乎是《圣经》和他们的救世主的要求。我猜，这应该跟拿细耳人的誓愿有关。

1900年代初，大卫教会的男人那茂盛的长发使本顿港的当地人十分看不惯，并疏远了他们，但却在该团体的娱乐业策略中起到了关键的作用。在那时，大卫教会以其众多戏剧与音乐作品中体现出的演艺才能而闻名。他们以不断推陈出新的方法招徕取悦买票进场的观众。

老人们向我们讲述了大卫教会的铜管乐队是如何进行年度巡演，在全美各地吸引大批观众的。演出开始时他们先背对观众，长发垂到腰际。在预先安排好的激动人心时刻，全体乐队一个转身，在情绪高涨的观众面前为乐器和胡子来个大亮相。人群总是立刻因惊奇和激动而陷入疯狂。演奏者们居然是男人，不是女人！留着长头发！还有大胡子！演出每晚欢声雷动。

其实，每个人当然都知道乐队成员是男性。二十世纪头十年的人也许不上推特，但他们可以阅读。他们看报纸和杂志。大卫教会在巡演所到的各处声名远播。然而每晚的观众还是震惊激动。这种对美国社会中性别与发型约定俗成关联的反叛是可预见的，却依然令人震撼，在那些尚且没有腻烦的日子里被证明可以无尽地挑逗起观众的热情。

当然，大卫教会的男人们传达的信号是奇特混杂的。大胡子表现出阳刚与力量——至少对维多利亚时代的人来说是如此——而长头发暗示着一种在耶稣身上可以接受、耶稣的现代追随者则不可接受的阴柔气质。确实，他们外貌的力量中有一部分即来源于这种刻板印象与新鲜期待带来的迷乱与糅杂之感。

大卫教会还有几支球技高超的棒球队进行

巡回比赛，他们也有自己吸引观众的诀窍。我们听说，这些队员会把自己的头发塞进帽子里，于是他们看上去和普通的棒球手十分相似——只是蓄着胡子。而当取得对阵主队的第一分时，他们会将帽子抛向空中，让长发倾泻而下，迎接主场观众震惊的吸气、喝彩与零星的嘘声。

有几年他们还采取了一种更加标新立异的策略：以一支全女性的球队为对手举行巡回赛。该赛事的噱头在于，这些女队员都是剃着平头的女同性恋者。宣传单上大肆宣告，"看长头发的男人大战短头发的女人！"策划中最聪明的一点大概是，那些女同性恋球手会在比赛中公开作弊，踩踏、肘击古以色列球手，并且玩弄种种离谱的肮脏伎俩，蓄意让观赛人群对大卫教会的情感由敌视转为同情支持。现场的戏剧效果一定十分强烈，特别是由于大卫教会的球队还自带发电机与灯具,这是世界上第一套便携式球场照明系统,或者说他们是这么告诉我们的。

然而,大卫教会的球队并不只有离经叛道的长头发;他们还有优秀的实力!他们常年征战于3A级,也就是职业棒球小联盟[1]的顶尖层级,还有几次在表演赛上赢过大联盟的俱乐部。

与主题无关但很有趣的一点是,我们还听说是大卫教会创造出了世界上第一个全素汉堡。更重要地,他们率先使用庞大的冷藏设备,使得一年四季都能吃到水果,从而改变了美国乃至全世界的饮食习惯。水果再也不会只是季节限定的美味了。

---

1 职业棒球小联盟:即"美国职业棒球小联盟"(MiLB),是美国职业棒球的一种等级制度以及伞状组织,仅次于美国职棒大联盟,其下设立有各个等级。

然而，该社区内的生活还不仅仅是禁欲独身、体育运动、音乐、长发、终结时代与健康饮食。大卫教会还被认为发明了华夫蛋筒，他们在1904年的世界博览会上初次展示了这项发明。

> 你们应该是女人
>
> 可是你们的胡子使我无法
>
> 把你们视作女人。
>
> ——莎士比亚《麦克白》第一幕第三场

似乎在某些情况下，人们厌恶男性打扮的女人更甚于女性打扮的男人，特别是在有面部须发这种纯粹男性的特质时。面部须发如此关键，恰恰是因为它被当作明确无误的性别指征。在愚昧的过去，胡须浓重的女人的归宿常常是马戏团的怪胎秀，所以无怪乎自有历史记录以来，一些女性在除去多余的面部须发上投入了大量时间与金钱。

在我们人类进化为一种雌雄二态物种的过程中，女性是从什么时候开始进化出了有区别性的无毛面部？是尼安德特女人拔掉了她们的唇髭？还是我们的克鲁马努人[1]（Cro-Magnon）祖先？你不得不好奇女性的面部脱毛是什么时候开始的。我猜是在更新世[2]的某个时期。

伊朗的伊斯兰教什叶派中有一个广受相信的预言，是说当一名有胡须的女子站上高哈尔绍德大清真寺（Great Mosque of Gowhardshad）的讲坛时，终结时代就将开启。第十二代伊玛目（亦称"马赫迪"）将再次现身——他已经隐居，或者按通常所说的"隐遁"了一千多

---

[1] 克鲁马努人：即"欧洲早期现代人"（EEMH），指旧石器时代晚期分布于欧洲的最早一批解剖学上的现代人。
[2] 更新世：亦称洪积世，时间自 2588000 年前到 11700 年前。

年——以领导对不信教势力的最后一战。最近，一个与此有关的谣言正四处流传，据说已故的大阿亚图拉[1]贝加特（Behjat，1915—2009）在生前一次无意识入魔时的幻象中，看到了这个注定要杀死第十二代伊玛目的女孩的降生。据天机所泄，长大后这个女人会长着胡须。

哪一样才是最越轨的——女人在清真寺里讲道？女人长着胡须？女人将杀死马赫迪？幸好我们不用做选择；这几项都在那预言的启示中关联在了一起。长着胡须的女人会做以上一切。显然，许多什叶派穆斯林认为"反常"的面部须发、违反性别角色以及背叛真信仰的神圣秩序之间存在显而易见的联系。还有什么比一个长着胡须的女人更能代表真实信仰的颠覆与对神的反叛？

---

[1] 大阿亚图拉：伊斯兰教什叶派宗教学者的最高等级。

发 VS 毛

人们普遍相信，人类有毛发而动物有皮毛，并且这两种身体覆盖物之间有着本质的区别。其实并没有。但这没能阻止各文明都将自己的成员看作头发梳得一丝不苟的文明人，而将自己的敌人看作披着毛皮的野兽。

就像英文一样，中文里的"发"（hair）和"毛"（fur）是不同的词语。中文表示毛发的字是"发"；而"毛"指的是动物的皮毛。在十九和二十世纪初期，西方人在中国被统称为"红毛鬼"。据说这一称呼是在早年中国人与荷兰水手正面遭遇后发明的，有些荷兰水手的头发是红色的，他们还大多蓄着浓密的胡须。中国人当然也蓄须，通常只留一小撮，但欧洲人竟然长毛——不光是在头上，而且遍布全身！正如我们将看到的，有违中国文化常规的其他种族与外来族群——包括中国本土的反叛者——也会被描述为有毛而不是发。令人吃惊的是,这样的描述也包括日本人。虽然按欧洲的标准来说日本人有着较轻的体毛,但中国人仍然称他们是"有毛的"。

在口头交流中,我们都听过人们把耻毛(pubic hair)称为"毛"(fur)——初中生们听到"海狸"(beaver)[1]这个词还会窃笑吗?——但以我的经验来说,除了用作侮辱,几乎不会有任何人把头发(head hair)称为"毛"(fur),除非某人的头发真的极短极厚。

弗洛伊德相信,对耻毛的固恋是潜藏在痴迷皮毛之下的动力。两种"毛"——耻毛和动物毛——在心理学的概念上是紧密结合的,因此对貂皮的过分喜爱——特别是带着性内涵

---

[1] "beaver"(海狸)一词在俚语中也指女性的私处。

的——可以被理解为一种替代的耻毛固恋。二十世纪中期旧杂志的皮毛披肩广告上,啧啧称奇的金发女郎爱抚着她们的这些新款时尚配饰,其实是在夸耀死去动物皮肤的性感。如果弗洛伊德的解释被广泛接受了,那么女性对于穿着貂皮大衣可能会感觉大大的不适,或至少也会有些不自在吧。

作为差异的头发

发型具有区分敌我,区分潜在的伴侣与可能的对手,区分本群体与其他群体,以及团结同伴、排除异己的力量。美洲印第安人尤其擅长发明各种发型;各部落可以隔着很远的距离就辨认出是敌是友。现代化以前的世界并不需要种种颜色各异的制服;军队只需通过发型即可分辨战友与敌人。

各种文化的社会都积极利用毛发制造"异

类",往往是通过把对手的头发归类为"毛",或者将对手的毛发视为原始、粗鲁、桀骜、古怪或野蛮的。然而维多利亚时代的英国人却一反常规,认为缺乏浓重的面部毛发就表示软弱。正如那时狂热的胡须至上主义者 T·S·高英(T. S. Gowing)1854 年在一场关于面部须发的古怪演讲中所宣称的,"缺乏胡须通常是一种身体与道德虚弱的标志;在完全不留胡子的堕落群体中……有意地抛弃了男性的尊严。"英国人利用东亚和东南亚人淡薄的面部毛发特征,论证他们统治的这群阴柔、虚弱的亚洲人在道德与身体上的劣根性。东亚人光滑的皮肤既是他们懦弱文化的征兆,也是其可能的因由;中国人本质上就是稚化或女性化的。自然,从中国人的角度看,这些浑身是毛的大胡子野蛮人的脸上和身上,就带着他们非人的兽性的铁证。

3

除去毛发

> 最后一夜（9/11 劫机犯穆罕默德·阿塔 [Mohamed Atta] 的最后指令）
> 1）发下死誓，坚定目标。
> 剃去身上多余的毛发，喷上古龙水。

2001 年 9 月 11 日恐怖分子对美国的袭击事件发生后，从主犯穆罕默德·阿塔的行李中找到的其下达给劫机犯的最后指令引起了一片轰动。可以理解地，航空公司因可能发生的新一轮袭击而惊恐万分，安保人员仔细地检查旅客身上是否有近期剃除胡须的痕迹。我记得数家报纸报道过,有一架国际航班因机上的两名男性锡克教徒而改变了航线,警方还将两人短暂逮捕了一段时间,只因有人发现他们在飞机的洗手间里刮胡子。这一切中最讽刺的是,穆罕默德·阿塔在指令中所写的其实根本不是面部的须发——胡须在伊斯兰教中是极受欣赏的——他反而是要告诉同谋们剃去耻毛与腋毛,为升入天堂做准备。

从公元七世纪伊斯兰信仰发端起,虔诚的穆斯林就懂得,真主安拉对于人类的卫生极其重视。他为他的信徒在卫生方面提出了许多要求,并且要遵从他派来的真正先知的榜样。一条著名的圣训清楚地表明:

> 阿布·胡莱赖(Abu Huraira)叙述道:
> 先知说"五件事是依照众先知的传统(Al Fitra)而来的:割包皮,剃净骨盆部

位，拔除腋部的毛发，剪短髭须和修剪指甲。"[1]

这段据信来自先知穆罕默德的引文中最引人注目的一点大概是，其宣称这五项卫生措施经过了犹太教-基督教-伊斯兰教先知及追随者的悠久传统实践，源头始自亚伯拉罕。由于我们知道，穆罕默德身在一个犹太人、基督徒与前伊斯兰阿拉伯人日常互相影响的时代与地方而受到了启示，如果这一宣称是错误的话，那么穆罕默德的追随者是很可能将其识破的。我们也许可以就此推断，在穆罕默德生活的七世纪，至少有一部分犹太人和基督徒是遵循这些做法的。我们当然知道，割礼是犹太男性必须

---

[1] 圣训是出自早期穆斯林社区的记录，详细记载了先知及其身边同伴的言语与行动。穆斯林学者为确定这些故事的可靠性花费了巨大的努力，并开发出一套令人赞叹的评级体系。这条圣训被认为是可靠的。——原注

做的，而修剪指甲大概也是各处普遍的。（在此之前一千年的公元前五世纪，指甲剪连同剃刀一起，属于佛陀允许其僧侣和尼姑拥有的少数几件必需品。）短髭与长须在那个时代的基督徒和犹太人里很常见，因此这是地区宗教潮流的重要部分，但剃毛又是怎么来的？那时阿拉伯半岛上的基督徒和犹太人也拔腋毛、剃耻毛吗？似乎没人能确定，但我们所知的是，中东地区是古代清除体毛的中心。

起初

《吉尔伽美什史诗》被广泛认为是世界上最古老的文学作品。从更古的苏美尔诗歌的基础上发展而来，全本的《吉尔伽美什史诗》最早很可能是用阿卡得语[1]写成的。后来的巴比

---

1 阿卡得语：公元前三千年左右生活在美索不达米亚中部的古闪族人阿卡得人所使用的语言。

伦复述版（公元前约 1200 年）是现存最完整的版本。该文本的碎片存在于数量众多的不同修订本中，以致看起来好像每个识文断字的巴比伦人都书写了一份他/她自己的版本。这是一个极受欢迎的故事。

人们广泛相信，吉尔伽美什是一位真实存在的国王，生活在大约公元前二十六世纪。到《史诗》记录的年代，他已经成了一位远超凡人的半神英雄。他的首都乌鲁克（Uruk）的人民因他的种种需索和压迫而不堪重负、怨声载道。他们期盼着一位拯救者。这故事中神话的成分显然多于史实，尽管作为一位典型的独裁者，吉尔伽美什在现代世界会感觉十分自在。

故事的起初，力量无敌的暴君与霸王吉尔伽美什在一个名叫恩奇都（Enkidu）的"野人"那里遇到了对手，这个恩奇都随着一群吃草的羚羊四处流浪，未经人事，身上裹着兽皮。吉尔伽美什着手教化这个野人，他命令一名妓女引诱恩奇都，又雇了一名理发师剃去其身上的毛发。这是一个精心谋划的"两步走"驯化策略，依靠的是对教化人类不言自明的想当然。奇怪的是，这方法居然奏效了。一经剃过毛又通了人事，恩奇都就驯顺了，随后遭到了他的野生动物同伴的排斥。于是他成了吉尔伽美什冒险的好搭档。在世界文学最早的作品中，体毛就已经代表着原始与野蛮，而体毛的剃除（还有失去处子之身！）则带来了文明开化。

作为五世纪的目击者，希腊历史学家希罗多德记录道，与他在地中海地区其他地方观察到的祭司形成对比，埃及的祭司是剃光头的。他还告诉我们，在服丧时埃及祭司会不再剃头，任由头发和胡须长出来，这一点也和剃光头以示哀悼的希腊祭司不同，向他证明埃及人展现了一种文明人类常规的奇特例外。

其他作者也记载道，全身剃毛是古埃及晚期（公元前664—前323年）祭司与贵族的标准做法。富人不论男女都会将头上和身上的毛发剃净；祭司还要拔掉眉毛与睫毛。最富有的埃及人会雇佣全职私人除毛师；如果你察看过那时使用的燧石或铜质剃刀——款式繁多，刀片从短斧形到正圆形应有尽有——你就会得出结论，只有艺高胆大之人才会尝试给自己剃毛。这不是件外行能做的工作。古埃及人在剃毛的过程中采用了一种糖和蜡的混合物——也就是现代脱毛糖膏的鼻祖——以保证脱毛的彻底。假发生意兴旺发达。

古埃及并非历来如此。从古王国时期（约公元前2686—前2181年）一直到中王朝时期（公元前2055—前1650年），法老都被描述为长着一捧真实的胡须，并经常将其编成辫子、撒上金粉的样子。然而到了晚期,彻底脱毛的法老通常被描述为戴着适当饰以金粉的假胡子,作为一种对传统的致意。

这样的清洁不仅是为了取悦神祇,同样有可能的是,古埃及人发现褪去毛发可以让酷热的夏天不再那么难耐——虽然这仅仅是个推测。我们明确知道,除毛可以更容易地控制在现代以前困扰人类的虱子和跳蚤。(生物学家已断定,体虱的进化与我们人类关系密切,因此在有史以前很久它们就困扰着我们的祖先了。事实上,与人类头虱不同的阴虱似乎是从大约三百万年前大猩猩身上的虱子分化而来,因此当我们的祖先初次走出非洲大草原时,它们就已经在耻毛间游荡。这意味着,我们的祖先在至少三百万年之前就已经拥有了明显的一丛丛耻毛。)

剃头、蒙头与全球头发贸易

正统犹太女性有着自结婚起蒙头、剪短发甚至剃光头的悠久历史。尽管在《圣经》中并不能找到明确的依据——除了"律法书"中关于谦逊与端庄的训词——这些惯例却带有宗教律法的份量。虽然其初始动机似乎是要将被视为私有财产的已婚女子变得不那么能吸引潜在的外遇对象,现代女性如今却经常戴上各种极尽时尚的假发,这些假发由真正的人发制成,若是未遭损坏的话,很可能比她们原本的头发更美观。魅力十足的假发如今是必备品,于是该习俗也许已经丢失了其原始意图。

克莱尔美发(Claire Accuhair)是一家位于布鲁克林的高档假发店,主要为正统及极端正统的犹太女性制作假发。这些假发动辄要价4000美元,另加600美元左右的高端洗护、修剪、造型费用——为技艺精湛的修剪花费高价是十分值得的,因为假发一旦剪坏了可再也长不出来。克莱尔美发的网站上打出宣传语"真人假发中的劳斯莱斯——始于 1960 年",并宣称其假发产品均由"100%未经加工的欧洲人原生发"制成。这有些令人意外,因为许多人认为南亚和东亚人的头发才是世界上最好的假发原材料,这样的头发长、厚、直、光亮且营养充足。

45　　世界上大量假发使用的人发原材料来源于印度,虽然来自中国、蒙古国以及近年来南美洲的货源也对其构成了激烈的竞争。印度的头发贸易是该地长期建立的宗教供奉习俗带来的产物,根据该习俗,朝圣的女信徒要剃掉自己的头发,以此作为献给神的供品。

位于安得拉邦[1]（Andhra Pradesh）的蒂鲁帕蒂·巴拉吉寺庙（Tirupati Balaji Temple）供奉着"文卡特斯瓦拉"神（Venkateshwara），也就是印度南方的毗湿奴[2]，这里或许是世界上最大的真人假发个体来源地。不出意外地，这里也被普遍认为是印度最富有的寺庙。在该寺庙中，头发其实不是献给文卡特斯瓦拉，而是他的女性配偶，当地称之为妮拉女神（Neela Devi）。一般一天能收集到超过一吨重的头发，寺庙的工作人员会将其打包拍卖。这些堆积如山的头发为寺庙带来了大量的金钱；曾几何时，这些头发大部分都被做成了供正统犹太女性使用的假发。然而近十年来，随着犹太教的律法权威获知这些来自印度的头发是奉献给"偶像"的，这种头发的使用就遭到了抵制。

---

1 安得拉邦：印度东南部一邦，位于孟加拉湾。
2 毗湿奴：印度教三相神之一，"维护"之神，妻子为吉祥天女。

妮拉女神也许不是古代先知怒叱的异教邪神巴力（Baal）或摩洛（Moloch），而且佩戴一顶印度人的头发制作的假发肯定也不会像吃了宙斯祭坛上的猪肉那样对耶和华大不敬，但是避免触怒万能的主总是明智的做法。

在几十年的时间里，两大相隔遥远的宗教中关于女性剃发截然不同的传统催生出一种出人意料的经济关系，印度教的女教徒向自己的神供奉头发，而犹太教的女教徒在自己的地盘上佩戴这些头发做的假发。国际贸易网络使这种交流成为可能，而国际信息的交流又使其终止。不过我们不用担心寺庙的收入。用印度人的头发制作假发辫、假发套和编织物的需求量依然很大；非洲裔美国人的美发业专做这些。

以正统犹太女性为目标客户的假发制造商被迫寻找其他原料来源。东欧人的头发曾经货源充足，但随着苏联地区的经济日渐富裕，该地的头发正在变得越来越昂贵且难觅。今天，大多数假发采用的所谓"欧洲"头发其实来自南美洲，从欧洲移民后代的头上剪下，根据BBC的报道，偶尔甚至是在从事头发生意的黑帮枪口下被迫进行的。虽然从理论上说也算源于欧洲，但大多数北美假发所用的"欧洲"头发其实是来自南半球。

今日伊斯兰教

现代穆斯林男性仍然会对身体上的几个部位进行脱毛，但只除去腋毛和耻毛。躯干、胳膊和腿上的毛发通常不会去动。头发要修剪整洁，不可过长，胡须也要修剪，但一般都会留长。

在西方化的都市中，男性如今往往不太在意剃毛的老规矩。然而据见闻所得，即使是世俗化的、不那么虔诚的穆斯林男性也常常会至少剃除腋毛。几年前，我认识的一个土耳其无神论者就曾震惊于美国男性居然不刮腋毛。他以为地球上的每一个男人都会除去恶心的腋毛；他认识的每个男性都是这么做的。我敢说，他根本没有意识到这种风俗与宗教有关，或者说是伊斯兰教的要求。

甚或说尤其是阿富汗塔利班这样的强硬分子会强调必须遵守他们所谓的宗教基本要求。正如克里斯蒂安·布朗伯格（Christian Bromberg）所说：

> 当塔利班于1996年在喀布尔掌权后，他们制定的第一批措施有一条就是以武力推行严格的毛发造型标准。胡须必须达到足够以五指握住的丰盛程度，头发不可以太长，腋窝和下腹不可以有毛。沙里亚广

播（Radio Shariah，即伊斯兰教律法广播）不时播报有人因不遵守此类规范而被鞭打甚至监禁的消息。

你不得不惊异于宗教狂热保守分子竟会为了没剃腋毛和耻毛而鞭笞他人。（我好奇是谁去检查！）弗洛伊德医生对此无疑有很多话要说，而这种现象确实进一步加深了以下观点：毛发的规则受到时间、地点、宗教与文化的约束。

以性别一分为二的公共浴室为女人们提供了一个愉快的聚会场所，在那里，除毛是美容休闲的主要项目。虽然刮毛或许也算是选择之一，但穆斯林女性鲜少这么做。她们更青睐拔毛、用蜡去毛、用糖去毛、棉线去毛和化学脱毛，可能是因为这些方法的效果更持久吧。好奇的人自然想知道除毛的频率是怎样的。我听到的答案是,毛发的长度不可超过一粒米。米的种类没有特别规定,因此这是一项依照经验的大体规则,但想必超过三分之一英寸时就该除毛了。

穆斯林年轻女孩和未婚妇女一般应保留体毛,直到结婚前才将脖子以下的全身体毛除净,并修理眉形。正因如此,少女们往往比较多毛,而已婚妇女则恢复了儿时的光洁。这形成了奇特的"儿时光滑、少时多毛、成年又如婴儿般光滑"的生命阶段模式。人们往往会不由地将穆斯林的除毛看作古埃及的遗风,尽管貌似合理,但二者之间的直接关联鲜有证据支撑。

通过令人惊奇的风俗趋同演化,剃净耻毛如今在西方十分流行,虽然有些人声称这一潮流正在衰落。这种称为"斯芬克司"(Sphinx)的彻底脱毛样式可能得名于同音的"斯芬克斯"(Sphynx)无毛猫,但倒还不如说是古埃及习俗的回响。许多观察者提出,这种脱毛的潮流是色情文化主流化的结果。

从1980年代开始,成人影片的男演员就开始修剪耻毛,1990年代则开始全部剃光,以便让镜头前的观众看得更清楚。在本例中,一种以安拉对清洁体面的旨意为依据、要求穆斯林遵守的神圣宗教习俗,到头来被成人电影演员及其粉丝毫无关联地当作了增加可看性的方法。虔诚的穆斯林老祖母与时尚的西方女郎如今都做除毛,塔利班的战士和范奈斯[1](Van Nuys)的男性"成人"演员也是一样。在这方面,宗教原教旨主义与色情明星的时髦竟然殊途同归!

一些信仰印度教的女性,甚至还有一些男

---

[1] 范奈斯:美国加利福尼亚州洛杉矶的一个地区。

性，据说也会除去体毛，尽管这看起来远没有在伊斯兰教中那么普遍。其他印度教徒会故意不除毛，以使自身区别于穆斯林群体。网上论坛里，有些印度教的挑衅者会发帖拿穆斯林的脱毛习俗取乐，而穆斯林也会发帖嘲笑印度教徒恶心的体毛。

除毛的技术

古代的除毛技术是十分精妙的，虽然并不一定安全。采用高度腐蚀性原料的化学脱毛法看起来尤其值得怀疑，许多此类成分本身就很危险，若是组合使用，想必毒性会更强。在伊朗，过去到现在都很普遍使用一种叫"瓦基布特"（vajibt）的复合脱毛剂去除耻毛，这种药剂中含有雌黄、活性石灰和木灰。用砷制造的脱毛膏几个世纪以来在伊朗长盛不衰，冲洗的水甚至已渗透进了地表，成为饮用水的主要污染物。

　　研究文艺复兴时期艺术的学者曾提出，一些欧洲女性也会除去耻毛。你也许以为如果这是一种风俗的话，我们能找到大量与此有关的书面资料，但事实并非如此。不过我们确实找到一些脱毛膏的配方，记录在文艺复兴时期文人的"秘术"书中。这些配方用到哪里，就看读者自己怎么判断了。

　　看起来，文艺复兴期间欧洲女性使用的脱毛膏背后，正是由归来的十字军所传播的来自中东的文化借鉴，因为这些配方中也大量使用了砷和石灰。一本1532年出版的书中记载的除毛方子规定，煮沸"一品脱砒霜和八分之一品脱生石灰"，然后将药糊涂抹于需要脱毛的部位。当感觉烧灼感强烈时，使用者得赶快把这粘糊糊的东西洗掉，以使皮肤不至于与毛发一起被除去！远至5000年前的中东就已出现了类似的脱毛膏的痕迹,因此这种脱毛膏肯定是有效的;然而,你绝对不会想要在家尝试它。那时还有其他一些可能更安全的方子,比如一种由醋里溶解的猫屎制成的脱毛膏,但你不得不怀疑这玩意到底灵不灵(还有怎么用!)。

利用粘稠糖浆拔毛的方法效果明显,就像用线缕快速擀过皮肤的方法一样,被广泛用于去除面部多余毛发。这两种方法都是用物体抓住毛发,将其连根拔出,效果立竿见影,但却带来疼痛。经常有人说,定期使用这些方法就不那么痛了。显然,发根会意识到抵抗是徒劳的,于是放弃了挣扎。

头发、色欲与身份

人类学家和其他学科的研究者都曾广泛讨论过头发——造型、修剪与剃除——与性欲之间的联系。E·R·利奇（E. R. Leach）写于1958年的《神奇的头发》（*Magical Hair*）就是值得注意的一例。在这篇文章中，他调查了若干关于发型操作的欲望含意理论，其中包括的一种精神分析学家提出的理论宣称，头是阴茎的象征，而头发代表着精液。据此推论，该理论主张，剃光头几乎在全世界都被视为象征着阉割，起到一种控制进攻性冲动的作用。许多批评者指出，即便这种象征性的解读是准确的，它也只能适用于男性，完全没有将女性的情况考虑在内。

然而，剃头和阉割之间所谓的"关联"其实未必像听起来的那么荒唐，即便如今全球几百万剃光头的阳刚男儿提供了强有力的反证。一些人种学上的证据似乎部分支持了关于剃头和阉割相关联的主张。例如，许多佛教的和尚和尼姑的外表看上去很奇特地无性别化，他

（她）们的光头（在泰国还包括剃掉的眉毛）使人难辨其性别。当然，这就是他们的目的。禁欲的和尚和尼姑戒绝一切身为哺乳动物的状态——哺乳动物的特征即两性繁殖、胎生、哺乳，还有毛发——因此除去头发即意味着脱离于肉体凡胎、两性与繁殖的世界。对和尚与尼姑来说，这种做法都是相当有效的，即使它其实并不意味着阉割。

十来年前在泰国开会遇到的一件糗事使我发现了这一点，当时我曾在一位佛教和尚的身边坐下来吃午饭，但几个小时后却发现，这位曾和我聊天的面容柔和的"和尚"其实竟是泰国现代第一位上座部佛教[1]尼姑。虽然我的行为明显是失礼了——尼姑是不应

---

[1] 上座部佛教：又称南传佛教，是现今流行于斯里兰卡、缅甸、泰国、柬埔寨、老挝等地的佛教宗派，与大乘佛教并列为现存佛教最基本的两大派别。

该与男性坐在一起的,所以男性显然不可主动坐到她们身边——但这种错误也是可以理解的,至少我这么告诉自己。我没想到会见到一位尼姑,因为在泰国,比丘尼(完全受戒的上座部佛教尼姑)的世系在几个世纪以前就断绝了,就像大多数关于佛教的书籍告诉你的那样。泰国现代的第一位尼姑丹玛喃达比丘尼(Dhammananda Bhikkhuni)——原本是一位教授,俗名为乍素曼·卡比辛恩博士(Dr. Chatsumarn Kabilsingh)——2003年才受戒。好巧不巧,她就是我在午餐时选择坐在一起的那位会议主持人。于是我借口说自己没想到会见到一位泰国尼姑,这种误会的可能性是很大的,但真实情况是,我只是没认出来她是一位女性。现在回忆起来,她看起来也不像一位男性,但那就对了。剃光头可以让一个人不分性别,神似绑架了许多美国同胞的无毛大眼外星人。

不过布鲁斯·威利斯[1]（Bruce Willis）当然不在此列。

传统上，佛教将头发视为和身体其他部分一样令人厌恶的东西。佛教中发明出许多复杂的冥想法，以使人产生对身体及其潜在诱惑的厌恶。（高阶的佛教冥想者据说可以超脱一切好恶，因此这种培养恶感的方法只是一种帮助起步和中级阶段的冥想者战胜性吸引力的临时手段。）总共有三十二个身体部位被选出来供分析与沉思。五世纪时南印度的佛教高僧觉音（Buddhaghosa）著有上座部佛教典籍《清净道论》（*The Path of Purification*），为此开出了一张清单。排在第一的可憎之物？头发。我们立刻获悉，"头发的颜色，连同外形、气味、

---

[1] 布鲁斯·威利斯（1955— ）：美国男演员、制片人、编剧和歌手，以光头的形象闻名。

生长环境与位置，都是令人厌恶的。"

这还不止，我们很快又读到，"但就像生长在肮脏的乡野污水里的野菜对文明人而言是令人作呕、不堪食用的，头发也是如此，因其生长在脓、血、尿、粪、胆汁和痰之类的污水中。"觉音将身体和头发分类为不同的实体，认为二者的性质是有区别的，但当然还是一样地令人厌恶。

在正统的佛教中，被寻常俗人视为诱惑与性吸引之物的头发变成了令人反感厌恶的东西。典籍中的描述是极度具象化的，或许是因为作者意识到，"让人感觉人类的身体极其可厌"这件事可以说是一种硬性推销，至少当你的主要受众是一群年轻、禁欲、性压抑的初入佛门之人时。年轻的和尚与尼姑显然都懂得"人身是可恶的"这个"道理"，但要在躯体的层面透彻领会这一点却是一项挑战。人类似乎必然会受到性的吸引,而美丽的头发是这份吸引力的重要部分。

剃光头除去了我们虚荣与魅力的一大最有力来源,授予宗教遁世者以有益于灵魂的无特征性。它也除去了大量诱惑,使光头的和尚与尼姑对潜在诱惑者(包括他们彼此)的吸引力大大降低。

在中古时期的中国,狡猾的逃犯们意识到,如果他们剃了光头又披上袈裟,就能混入大城市的人群中,成为街头化缘的众多合法托钵僧的一员。剃光头不仅使人在精神上低调,而且还会抹去任一个体最关键的辨认特征之一,使目击者的查验更加困难。有了刚刚伪造出来的僧人身份,很容易就可以避免被认出和抓获。

佛教界终于意识到,他们有必要将真正的和尚与尼姑从逃犯假扮的冒牌货中进一步区分出来。剃光头还不足够。他们的办法是在受戒仪式上增加"燃戒疤"的环节。受戒过程中,用几排香附于受戒和尚与尼姑刚刚剃光的头顶,然后点燃。随着仪式的进行,香会向下烧入头皮,直到颅骨才渐渐熄灭。伤口愈合后,受过戒的合法和尚和尼姑的头上会出现几排凸起的伤疤,每个伤疤看起来都是一个小形火山锥的形状,这种痕迹会伴随他们终生。没几个逃犯有这样忍受灼痛的见识与勇气,仅仅是为了日后可能有那么一丁点装扮成僧人的需要。尽管中国大陆地区已废止了这一惯例[1],但你仍能在台湾地区、香港地区及其他海外华人聚居区受戒的和尚和尼姑头上看到这种陈旧性疤痕。

---

[1] 根据1983年中国佛教协会理事扩大会议作出的《关于汉族佛教寺庙剃度传戒问题的决议》,由于受戒时在受戒人头顶烧戒疤的做法"并非佛教原有的仪制,因有损身体健康,今后一律废止"。

另一边,在印度……

一些印度教的苦修者也会定期剃头,而另一些人会蓄养长而纠结的发卷(称为"加塔"[jata])。许多学者注意到,即便放任头发生长到结团的程度与干脆剃光头发看上去是互相对立的,但这两种形式的苦修都象征着一件事——戒色。然而,这两种发式蕴含的意义并不完全相同。在印度的宗教中,剃光头与完全戒绝欲望、实行"可敬"及守序的宗教式生活是相联系的。属于阿迪·商羯罗(Adi Shankara,约公元 800 年)——吠檀多不二论[1](Advaita Vedanta)的伟大宣示者之一——门派的僧人通常都会剃头,至少是在他们修行期间,并且以

---

[1] 吠檀多不二论:吠檀多是被视为正统的婆罗门教六个宗派之一,是印度哲学中影响最大的一派;不二论为吠檀多派的一个主要学说,是一种一元思想体系。

他们的克制欲望、德行正派著称。当他们允许自己的头发长长一些时,他们也会将其梳理整洁。

留着纠结发卷的苦修者则远不如这么靠谱。他们倾向于桀骜不驯、野蛮生长,经常违反清规戒律。他们大多数崇拜湿婆(Shiva)或其妻雪山神女。其中许多人吸大麻。留脏辫的苦修者往往严格禁欲,就像他们的守护神湿婆一样,但这种性克制却不是出于道德。它是为了获取力量。

印度教关于圣人、先贤和瑜伽大师的古代传说中时常颂扬极端的苦修行为。不同于往往受到某种不配感、愧疚感或罪孽感驱使的基督教苦修,印度教苦修(tapas)是为了取悦神而进行的自我折磨,他们相信神会由此赏赐苦修者以恩惠:富贵、长寿、物质满足或灵性力量——用来左右祸福的力量。现代瑜伽课上讲授的许多体式（asanas）原本都是用于苦修的姿势，因为这些姿势做起来很难也很疼。它们原先没打算成为一种健美操的内容，被创造出来也不是为了强健肌肉，缓解职场焦虑，塑造健康、灵活、性感的身姿。苦修者创造和利用它们来获得力量。禁欲是该过程的一部分。射精会浪费精力，而存储起来的精力就是力量。禁欲使苦修者的长发卷格外法力强大，充满了性力（shakti，即神圣能量）。事实上，留脏辫的苦修者虽然会避免射精，但这并不意味着他们就必须属于那种举止端正、为人可靠，或者说"无害"的虔诚出家人。他们的禁欲、痛苦的瑜伽体式以及纠缠的脏辫都是为了获取力量所做的一部分，而众所周知，追求力量与求贤问道是十分不同的两件事。

与耆那教的习俗相比，佛教和印度教的脱毛方法就显得相当温和了。随着摩诃毗罗

（Mahavira，意即"大雄"，授予该信仰"创始人"的头衔）的出现，耆那教徒于公元前五世纪强势出现在历史的舞台上，与佛教大致属于同一时期。根据耆那教自己的说法，摩诃毘罗是该信仰的复兴者，而不是该宗教的创始人。在教徒看来，他是现世轮回的第二十四位，也是最后一位蒂尔丹嘉拉（Tirthankara，意即"渡津者"），他投胎成人以重新揭示被人们遗忘的、渡过苦难的河流后所抵达的解脱之路。耆那教徒坚称，他们的宗教始于亘古，鉴于他们极其艰苦朴素的信仰与实践，你很容易相信这一点。

耆那教的修士分为两大门派。空衣派（Digambara）修士就像门派名称暗示的那样，以从来不穿衣服著称。尽管该教的裸体习俗已经流传千年，这种行为在今天的印度仍然显得很前卫。但是，空衣派的女修士会为了安全、体面和顾全公共礼仪而身穿简单的白袍。因为这一点，许多人相信她们不能得到解脱。只因拥有区区一件白袍（或碗，或杯子，或牙刷，或剃刀，或剪刀，或凉鞋）就成了通往解脱的不可逾越的障碍，于是空衣派女性的唯一选择就是在今生积德行善，希求来世投胎男儿身。在俗的空衣派男性也不能获得解脱，因为他们有所拥有。这个门派并不像"有产者"那么性别歧视。该信仰只对一小群严肃忘我的无家裸男提供解脱的可能性。

耆那教的白衣派（Shvetambara）允许男女修士都拥有一套长袍，因为他们相信，裸体并不是通往解脱的必需条件。尽管我们很容易把白衣派想象成不那么严苛的团体，但事实上他们只是更务实一些。所有耆那教徒都实行极端严格的苦修，能够证明这一点的一个事实是，这两大教派都宣扬，最具福报的死亡——至少对那些灵性已成熟的信徒而言——就是自愿绝食而死。你必须一直等到老朽不堪、接近生命的终点时才能尝试这么做。摩诃毘罗等到了七十二岁。据耆那教传说，摩诃毘罗瘦骨嶙峋的身体随一阵微风消散，只遗留下了他的头发和指甲。

在耆那教这样一个连衣服和碗之类的"奢侈品"都极不赞成的宗教中，你可以想见，他们对打理头发和胡须当然也会采取强硬的态度。一剃了之也太容易了（而且可能还需要拥有一把剃刀），于是他们徒手拔毛。大多数男女修士都是两年拔一次。耆那教徒相信，自我施加的苦痛可以烧去前世的业（karma），因此这是一举多得的做法。拔掉头发作为赎罪如今在在俗耆那教徒中正越来越普遍——他们并不指望在今生获得解脱。

我曾参加过一部纪录片的放映，是一位女学者摄制的，关于一名耆那教男修士为自己拔毛。片中没有特效也没有剪辑，只有实时亲历的镜头。影片一开始显示这位修士的头上和脸上覆盖着数英寸长的毛发，他抓起脑袋一侧的一小撮胡须，然后用力猛地一拉。随着这一拉，他的皮肤也跟着被拉紧变形，直到这一撮毛发被连根拔起，皮肤也随即弹回原位。置于近旁的麦克风记录到一声如同魔术贴被撕开的声音。接下来，就在细微的血珠开始渗出刚刚暴露出的皮肤毛囊的同时，这名修士又拢起一束毛发，重复起先前的过程。他一口气拔完了下巴和下颌，然后又接着拔鬓角和头部。一小时后当我离场时，他还在埋头苦干，可能还要拔一个小时左右。在我离开时，我注意到这间昏暗放映室里的女性们似乎并未因这场仪式感到什么不安；她们聚在一起低声谈笑，显得轻松愉快。与之截然相对的是，男性们都像鱼钩上的钓饵般缩成一团，双腿并拢，胳膊防御性地环住躯干和大腿。我意识到自己也已在不知不觉间蜷成了一个球。在许多方面,女性比男性更坚强。

显而易见,耆那教修士对基本舒适感的拒绝、对一切所有制的否定和除去脖子以上所有毛发的行为是一种宗教性的声明。现世不能给他们提供恒久、有意义的欢愉。他们不愿生儿育女、维系亲情、参与市民生活,或者在其他方面表现为一种社会动物(尽管他们要依靠其他人养活)。你也许会好奇他们为什么不把耻毛也一并扯掉。我想答案是,他们只是倾向于忽视身体,用拒绝承认来压抑身体的欲望。耆那教托钵僧以假装性器的不存在来宣示他们对此的漠不关心。

剃去、再生与羞辱

然而,对世界的否认并不是剃发的唯一意

义。剃发可以象征再生到了生命的新阶段——就像在许多印度教徒的过渡性仪式上看到的——可以作为丧礼上奉献给神的祭品,以及作为一种羞辱或惩罚的行动。它也可以被用来剥夺俘虏的人格,或者将其再造,就像在军事基本训练中那样;或者被用来更方便地虐待杀害原本正直体面的人类,就像纳粹死亡集中营内被剃头的囚犯身上那些令人发指的遭遇。

近来关于"发型羞辱"的绝佳一例是塞缪尔·马利特(Samuel Mullet)的离奇故事,他据称是一个从已经隐居的阿米什人[1]中脱离出来的教派的"铁拳"领袖。虽然已经入狱(截至 2015 年),马利特主教依然领导着俄亥俄州贝格霍尔茨(Bergholz, Ohio)一个包含约十八个家庭的社团,他们以对阿米什信仰极端严格

---

[1] 阿米什人:基督新教重洗派门诺会中的一个信徒分支,始于 1693 年,以拒绝汽车及电力等现代设施,过着简朴的生活而闻名。

的解释著称。2012 年，当时六十七岁的马利特被判犯下了联邦仇恨罪以及阴谋策划了五起夜间袭击，他的追随者闯入批评他的阿米什人家中，用给马剪毛的大剪刀和电动修剪器砍掉男人的胡子和女人的头发。他的十五名追随者，其中有男有女，也被判有罪。他的目的是要让这些阿米什教友羞辱难堪，因为对他们来说，女人的长头发和男人未剪的大胡子具有重大的灵性意义。阿米什派禁止男性留髭须，但要求已婚男性留胡须，结果使他们外表看上去和虔诚的穆斯林相类似。遵从使徒保罗在《哥林多后书》中的警告，阿米什男性留短发，女性则留长发。男性的胡须和女性的长发是他们服从上帝旨意的必要标志，因此除去受害者们的胡子和头发就是斩断了他们与上帝及宗教社区的正当联系，即便这样的剪除并非他们的主动选择，也明显不是他们能控制的。马利特和他的团伙是在对他们的受害者进行审判、裁决并惩罚，这些受害者受到的损伤虽然只是暂时的，且很大程度上象征性的，但在他们的封闭社团内部却具有独特的羞辱性。

针对胡须和头发发动袭击的宗教性质在审判中起到了决定性作用，被检方引用为证据，证明这一系列袭击事实上是宗教动机引发的仇恨犯罪。被告律师辩称，将一起针对同一宗教内部教友的犯罪扣上"宗教"仇恨犯罪的帽子是说不通的，但这一番道理并不能使人信服；发生在宗教信徒的不同群体之间的仇恨犯罪不胜枚举。一般来说，排外的小型教派内部倾向于产生强烈的自我监管，在宗教理论或实践上的哪怕是微小的差异也会对真正信仰的神圣团结构成威胁。

在这起主教为首的案件中，一众被告都被判有罪，处以几年到十五年不等的刑期。仇恨罪的定罪在上诉中被推翻,但其他指控都得到了支持,于是马利特主教至今仍在狱中服刑。他们的罪行在遵纪守法、爱好和平的阿米什人社区中是极其反常的。在阿米什派过去320年的历史中从来没有发生这种袭击的先例,尽管他们的祖先重洗派[1](Anabaptist)并不总是这么温和有礼。

该事件中同样值得注意的一点是,美国政府承认了阿米什人的长头发与胡须在宗教上必不可少的意义。十六名被判有罪的男女获准在联邦监狱中保留自己的胡须和头发。要是他们不被允许这么做那就十分讽刺了,因为那样的话,联邦政府就会犯下马利特及其追随者被判犯下的一模一样的罪名!

---

[1] 重洗派:又称重浸派、再洗礼派,是在欧洲的宗教改革运动发生时,从瑞士苏黎世的宗教改革家慈运理所领导的运动中分离而出的教派,属于宗教改革中的激进派。

然而，并非所有宗教少数群体都在狱中得到了这样的优待，特别是在美国各州的监狱设施内。穆斯林男性不得不为在狱中保留自己的胡须而斗争，这往往是徒劳无功的，并且拉斯塔法里教徒的脏辫在下狱时通常也会被剪掉。2015年，美国最高法院一致通过决定，公开肯定全国范围内的穆斯林囚犯有权蓄短胡须以尽宗教责任。（亚拉巴马州、阿肯色州、佛罗里达州、佐治亚州、南卡罗来纳州、德克萨斯州和弗吉尼亚州曾长期禁止一切囚犯留胡须。）这是一项令人震惊的裁决，因为美国的法院一般倾向于支持各州监狱官员的行政决定。作为一类边缘化的宗教少数群体，拉斯塔法里教徒的境遇则没有这么好，特别是在上述南方各州。至少在弗吉尼亚州，重新留长头发的拉斯塔法里教徒囚犯可能被关禁闭，有时一关就是许多年。

早期的基督教

削发（tonsuring）是剃头的宗教变体。该术语指的是西方基督教传统中几种彻底修剪掉头发的造型。因为缺乏更适当的术语，该词有时也用来指亚洲文化中的"剃度"，尽管这么做可能会产生误导。削发一度曾是罗马天主教僧侣与修士的规范，于1972年被教皇下令废止通行，但某些戒律严格的修道会，如特拉普派[1]（Trappist），被允许继续这一惯例。在整个中世纪与现代早期，经过削发都是任何担任圣职的男人的标准。

削发的造型从全部剃光到凯尔特式削发，后者在细节上存在争议。凯尔特式削发可能是

---

[1] 特拉普派：又称严规熙笃隐修会，是一个严格遵行圣本笃会规的隐世天主教修道会。

德鲁伊[1]（Druid）祭司的遗存，被罗马式削发的支持者攻击为非正统，或称"荆棘冠冕"，因为这种发型将头顶和两侧剃光，只留一圈头发环绕着头部。削发往往被称为罗马第一代基督徒的习俗，因此其历史看来是神圣庄严的。在实际情形中，它使修士可以被立即辨认出来，从而让他们在酒馆、妓院等邪恶之窝里的行为有所收敛。

在拜占庭帝国早期，篡位者、被废黜的皇帝、得位不正的君主之类——大致来说就是严肃权力斗争的失败者——照例会被弄瞎双眼，从而有效地将他们清除出以后的争夺。到了公元700年间，普遍的做法变成了仅仅将政斗失败者（以及他们所有的儿子）阉割并削发的方式，然后将他们流放或送进修道院——实质就

---

[1] 德鲁伊：古凯尔特人信奉的祭司、巫师或占卜者。

是囚禁。在这里，阉割与剃头之间的关联看起来就一目了然了。我们或许可以想到，这种关联的关键就在于，该行为具有强制或惩罚的性质。看上去，当囚犯或受害者被迫剃头时，他们实际上是在被象征性地阉割——假设他们是男性的话（女性被剃头则是直接地羞辱和剥夺性别）。在拜占庭，政斗的胜利者避开了象征主义的微妙性，将这种关联赤裸裸地呈现出来。然而，成年人的自愿剃头及为孩子剃头应该被看作具有与前述不同的象征意义。某些情况下，剃头不具有任何可辨的性含义；另一些情况下，它又甚至是一种明确的性暗示。

根据基督教的传统，拜占庭或称东正教的神父和修道士在接受圣职时通常要剃掉头发与胡子，但以后就不再剪发或剃须。在这种情况下，毛发的去除似乎标志着一种身份的转变，从世俗转向了神圣的状态。这是一辈子只有一次的转变，因此不需要重复这一礼仪，所以东正教牧师常常都蓄着大胡子。将他们与头发剃光、经过削发的天主教神父弄混几乎是不可能的事。

早期基督教的两大分支在"头发"上的不同习俗不仅是显示宗派归属的外表特征，而且看起来还是东方与西方教会分裂的因素之一。东方与西方在神学上的差异当然很重要，反正对神学家而言是如此，就像在礼拜日程与典礼形式上的分歧一样重要，但放在全球宗教的大格局中看，这些差异似乎微不足道，远比不上相似之处的分量。正是这些宗教上的众多琐碎区别的累积，以及教会的政治活动，使基督教会东西方的分裂变得不可避免。1054年，当天主教教皇使节、红衣主教亨伯特（Cardinal Humbert）和东正教牧首凯路拉里奥斯（Patriarch Cerularius）同时将对方开除教籍时，教士的发型是潜藏在冲突之下的众多因素之一。

逃离情感、头发与性别的星球

在美国，近到 1990 年代的新宗教运动"天堂之门"（Heaven's Gate）时，人们才开始看到剃头与阉割之间的关联。马歇尔·赫尔夫·艾普尔怀特（Marshall Herff Applewhite, 1931—1997）的约四十名铁杆追随者渴望上升到"人类之上的进化水平"（The Evolutionary Level Above Human, TELAH），他们相信在这种状态中能得到一具新的身体，不老不朽，超越现世人类存在作为哺乳动物的极限。在他们的神秘世界观中，进化具有一种目的性的推力，引领我们这群臭烘烘、毛茸茸、受生物本能支配的类猿人类物种中的一小撮天选之子发展成为无毛发、无性别、无情感的高等生命体。无需多言，以他们的观点来看，人类中的绝大多数都是没资格被教化到迈向这重大下一步的。

在"天堂之门"的宗教幻想中，人类之上的生命体外形与不明飞行物（UFO）文学中的灰色外星人十分相似。"天堂之门"的"学员"相信，通过剃掉头发，身穿男女通用的制服，保持单身，使用一套私密的、《星际迷航》风格的专业行话交流，以及避免产生一切情感纠葛，他们就是在为占据那无性别、无毛发的"外星人"身体而做准备，当他们被热切盼望的高等级宇宙飞船接走时，就会接收到这些身体。

"天堂之门"最忠诚的一批学员花了二十多年的时间孜孜不倦于超越一切情绪、一切依恋、一切私欲，以备"转往"下一个阶段。他们相信，一等他们安全离开，我们这些留在地球上的人就会被"埋进土里"。

该团体中那些感到无论怎样努力也无法摆脱性冲动的男性成员自愿进行了手术阉割。（显然，明智的做法是到墨西哥去做手术。）他们出于自己的意志剃头与自宫的事实模糊了"剃头与阉割只有在都是被迫的情况下才具有象征意义上的关联性"的前提，但这恰恰说明了一切"头发理论"都会出现的问题。该理论中的每一条定律都存在例外。

1997年，随着海尔-博普彗星（Hale-Bopp comet）接近地球，"天堂之门"的三十九名成员以集体离去的方式告别了这个世界（用社会的话说是自杀，但用他们的话说是"选择生命"）。同道中人依然在维护他们的网站，忠实保留了1997年时花哨的版面。真好。

4

头发造型

在有据可查的每一个历史时期,人类都开动无穷无尽的创造力发明出了各种新奇独特的发型。编辫子、烫发、把头发束扎在金属丝和木制的大型发架上、往头发上撒粉、往头发上撒面粉——在法国大革命终结这种浪费的做法之前,据说法国贵族每月用于撒在假发上的面粉足可以做出几千块面包——剃发、塑发、定型、染发、卷发、镀金、打蜡、修饰、垫发……列表可以无限延长。

头发造型的范围极度广阔。在一个极端我们看到有人把头发全部除去,在另一个极端也有人不愿剪掉或拔掉区区一缕。这主题是如此庞大，几乎不可能简单概述，更不用说全面分析了。我们要做的是着眼于几个时代与地理位置区别显著的实例，结合它们的历史背景，探寻背后潜藏的趋势。

一个大多数作者都会重复的观点是，剪发就像剃发一样，通常与"控制"联系在一起，特别是当头发被剪得非常短时。这种"控制"可以是由外力施加——来自父母、社会、军队、监狱长官、宗教规范——或者也可能是自律的表现。作为一种概括，该观点没有争议、安全可靠，一般总是经得起仔细研究。在另一方面，未剪的长发——若是紧束的、编成辫子的、盘起来的或者蒙起来的——也可以被视作一种保守控制的标志，但如果任其恣意披散，就几乎肯定会被当作叛逆狂野的、对社会秩序的破坏（或蔑视）。长发可能会惹麻烦，至少在社会和宗教正统的卫道士面前。浪子和叛逆者、法外之徒和无视道德之人都会青睐松散的长发。它不利于维持社会现状,也往往不利于发展职场事业。

"野蛮人"发型

第一批定居北美新世界的欧洲殖民者因美洲印第安人[1]而困惑不解。他们是谁?他们是怎么来到这片遥远大陆的?(要记得,这些殖民者都是一字一句笃信《圣经》的人。他们熟知圣经的创世故事,可是又意识到,如果《圣经》记载的历史是真实的,他们就没法解释这些印第安人的存在。)他们感觉当地人的行事令人恐惧,他们指责印第安人使用巫术、崇拜

---

[1] 我在此处使用"美洲印第安人"的称呼是按照我的北达科他大学(University of North Dakota)美洲印第安人学生的引导。他们努力说服我,他们并不愿意被称为"美洲原住民"(Native Americans)。在他们看来,该称呼是一种新殖民主义白人的政治正确。他们是"美洲印第安人"(American Indians)。经过多年的实践,我最终接受了这种用法。——原注

魔鬼，无缘无故就认定印第安人犯了罪。他们也震惊于本土居民的发型。

尽管没有剪刀和金属镊，美洲印第安人却有办法创造出种种令人惊叹的发型，仅仅用贝壳和石头制成的工具就能在身体上拔毛或在头皮上剃出各种错综复杂的图案。（铜镊子直到第一批欧洲人到来后才出现。）男人经常会将可能有碍拉弓的头发剃光或扎在脑后，并且许多部落都会煞费苦心地设计自己头皮上的发绺，每个人都对自己的发绺视若珍宝。发绺被敌人砍去是一种奇耻大辱。动物脂肪、岩石粉末、植物精油、兽皮、羽毛以及其他东西都被用来为头发做造型、添香气，使头发可以被硬化为精美的冠饰。以朋克一族用他们染喷过的莫西干发型——在表面上全球一体的二十世纪看来实在颇为平淡无趣——所制造出的恐慌来判断，很难想象这些殖民者第一次遇见他们的新邻居时是多么地惊恐!

  要再现这些印第安人发型的原始意义是一项挑战。相关记载很不充分,现有的大多数信息都来自那些外来的探险家,他们有时的确是敏锐的观察者,但同时也带着令人难以想象的成见和文化包袱。显然,他们在做笔记的时候并无创建人类学数据库的意图。但我们依然可以从对早期记载的分析中得到一些信息。关于外来人最初接触到的印第安发型,一些最生动的描述写的是波瓦坦人(Powhatan)——弗吉尼亚州沿海低地一个由三十个部落组成的联盟。在文章《波瓦坦发型》("*Powhatan Hair*")中,玛格丽特·霍姆斯·威廉姆森(Margaret Holmes Williamson)分析了詹姆斯敦殖民地[1](Jamestown Colony)1607年建立后不久留下

---

[1] 詹姆斯敦殖民地:北美洲第一个英国永久殖民地,1607年建立于弗吉尼亚,17世纪末被废弃。

的一些记述。

威廉姆森提出,波瓦坦人的三种各不相同的发型是性别和宗教地位的清晰标识。未婚女子剃掉前额和两侧的头发,但将其余的头发留长,她们拖着发尾的朋克式鲻鱼头显示了其完全女性化、潜在可追求的身份。已婚女子青睐锅盖头,仍然女性化,但更稳重些。(威廉姆森将这两种发型算作一类。)

男性平民和部落首领会将右半边头皮剃光——表面上是为了便于拉弓射击,同时扎起左侧的长发并饰以铜饰及其他"华而不实的装饰品,比如……砍下来风干后的敌人的手"。尽管这些以风干人手自我夸耀的男人展现出一种挑衅性的残忍,威廉姆森却主张,平民和首领同样地以其对比鲜明的半边剃光、半边长发的造型体现出阴/阳双重天性的两极。她的推论过程复杂,但最后归结为一个假设,即全然男性化的波瓦坦人只有萨满[1]，他们的两侧头发都剃光，只保留前额至后颈的窄窄一条，做成直立鸡冠的形状，类似莫西干头。萨满也是唯一有资格蓄须的人群，威廉姆森以此再一次证明了他们全然男性化的身份。奇特的是，萨满是不能结婚的，他们离群索居，甚至不与平民讲话，无论对方是什么性别，所以唯一真正"男性化"的波瓦坦人其实是一群要么禁欲、要么搞基的隐居者。

这一套分析的主要问题在于，它从没有得到波瓦坦人的认可，也没有咨询波瓦坦人现存的后代，看看他们是否保留有解释祖先发型的传说。然而可以肯定的是，波瓦坦人用自己的发型传递着"某种信息"，至少是向同一群体

---

[1] 萨满：北亚和北美洲一些民族中被认为掌握神秘知识，有能力进入"人神"状态的人，当地人相信他们有预言、治疗、通灵等能力。

内的伙伴。我们不能确定相邻的部落是否拥有近似的发型风格,尽管看起来可能是这样。美洲印第安人关于头发的词汇极其丰富、微妙和复杂。虽然我们往往以为各部落间总有某种程度的连贯性,比如表达某些象征意义的共通性方言,可我的美洲印第安学生却一再提醒我,各部落的文化是有所区别,甚至独一无二的。他们认为教科书里重复的笼统概括是对他们的冒犯,也会给别人以误导。

我读研究生的时候,对"印第安人的使徒"约翰·埃利奥特(John Eliot,1604—1690)漫长而不同寻常的事业生涯产生了浓厚的兴趣。埃利奥特最初因属于对安妮·哈钦森[1](Anne Hutchinson)进行异端审判的几名牧

---

[1] 安妮·哈钦森(1591—1643):清教徒、宗教改革者,参与的"唯信仰论战"(Antinomian Controversy)于1636—1638年间在马萨诸塞湾殖民地引起震动,因其与当局不一致的宗教信念动摇了社会稳定,最终被判有罪并逐出殖民地。

师之一而声名狼藉。公平地说，他在该事件中只扮演了无足轻重的角色，也是最温和的公诉人。

然而，真正使他与众不同的，是他对"种族"议题令人震惊的开放态度。与他的许多加尔文派教友不同，埃利奥特坚信美洲的本土居民也是有灵魂的，可以被引领向基督。在他的清教徒同伴更青睐以消灭原住民作为获取土地的最便捷手段之时，埃利奥特却不同意这种做法。他相信，通过大规模皈依基督教的方式，印第安人可以从肉体和灵魂上同时被拯救。为了实现这一目标，埃利奥特研究当地语言，用阿尔冈昆语[1]编写了数篇祷词，最后又在1663年将整本《圣经》翻译成了与阿尔冈昆语相关的马萨诸塞语——这是在北美殖民地刊印的第

---

[1] 阿尔冈昆语：阿尔冈昆人使用的语言；阿尔冈昆人是曾居住在加拿大圣劳伦斯和渥太华河沿岸的美洲印第安人。

一部《圣经》。

在埃利奥特的传教过程中,最引人注目的是他为了使印第安人皈依基督教而采取的一步步行动。埃利奥特深信,印第安人必须停止狩猎和采集食物。耕作才是基督徒的生存方式。他认为印第安人四处游荡,过于嬉乐,居无定所,也没有规律的日常劳作。他们需要住在小屋里,饲养动物,耕种农田,遵循固定的作息时间。于是,他让自己的教众在村庄里定居——最终建立了十四个社区——教育他们习惯英式自耕农的单调生活,那是他心目中一切真正基督徒的生活方式。这些步骤是实现皈依所必不可少的,但还不足够。首先,他们的头发就必须要管起来。

在英国内战(开始于 1642 年)期间,作风简朴的清教徒被嘲笑为"圆颅党"(Roundheads),这是一个蔑称,用以奚落许多清教徒采用的短发造型。这种造型与他们的敌人，贵族保皇派的"骑士党"（Cavaliers）形成了鲜明的反差，后者以浮夸招展的长卷发为特征。或许当埃利奥特为他的新皈依者制定规则时，正是受到了老家英国发生的事件，以及欧洲人对自命不凡的长发贵族的负面固定印象所影响。或许他就是简单地相信，新教信仰与短发密不可分。不管怎样，比起他的教众真正的宗教信念，他对他们发型的关注似乎还要多得多。

在他留下的文字中，埃利奥特几乎是着迷般地重新关注起了印第安人的发型。他们的头发很长，简直长得过分。更糟糕的是，印第安人用个性化的方式打理自己的头发；他们采用自己独特的发型。埃利奥特绝对坚信，他们需要剪成严格标准化的英国清教徒发型，这既是为了让他们在那些不那么愿意接纳他们的清教徒殖民者眼中显得更有基督徒的样子，也是因为他似乎觉得,头发真的可以改变一个信徒。长头发的印第安人未经开化,野蛮危险,未获拯救。基督徒都是短头发的。当埃利奥特的皈依者反抗伪英式农民的无聊新生活时——看起来这种反抗十分地频繁——他们做的第一件事就是不再剪头发。不久之后,他们就回到了自己野蛮残忍、非基督教的生活方式中,打猎、捕鱼、在幽深的大森林里到处乱跑,那是恶魔的"咆哮荒野",萦绕在清教徒的梦魇之中。

所以,或许埃利奥特是对的吧。

基督教女性的端庄得体

在西方基督教通常偏向于使男性剪短发的同时,从创教开始,基督教就命令女性必须蓄养未剪的长发,但要对头发有所约束。使徒保罗关于"女人的头发是她的荣耀"的著名论断经常被引用为这一习俗的源头,但我们已知,早在基督教时代以前的许多世纪,地中海地区的女性就已经留长发了。在大多数历史时期,无论是在宗教环境还是公共空间,女人的长发都会为了端庄得体而被蒙上。披散长发的女人会被当作水性杨花、伤风败俗,并且由于每个人都熟知并遵循这些规则,且社会的控制总体上未受到挑战,因此这种臆断往往能够自圆其说。虽然伊斯兰教如今被普遍视为要求女人蒙发的主要宗教,这种看法却是在现代才形成的。从前在整个中东,蒙发和遮面都是上层社会女性的传统惯例,而基督徒贯彻这些行为规范的热情一点也不比他们的任何邻居低。直到大约上个世纪,世界上的许多地方还有大量女性在公共场合蒙发。自由流动的头发只有在近代才开始为人们所接受,而在美国,我们依然能在阿米什派、门诺派、五旬节派及其他保守基督教团体中见到其保持的女性蒙长发传统。即使现在,我们还能在诸如肯塔基赛马会[1]（Kentucky Derby）这样主要是世俗性的活动中发现女性蒙发惯例的留痕。你也可以说这种蒙发是为了美观时尚或防晒护肤，但宗教传统却是古老的潜在影响力。

漂亮头发

现在我们该聊一聊非洲裔美国人头发的有趣话题了，要知道，恐怕得花上几卷本的长篇大论才能把这个话题说清。自从美国奴隶制的黑暗岁月开始，拥有近代非洲血统的人们（这是相对于我们其他人而言的，我们的非洲起源更久远）就因其头发显得与众不同，在某种程度上甚至因此被定义。非洲裔美国人一向以各种各样的态度对待自己通常卷曲的头发：自

---

[1] 肯塔基赛马会：每年在肯塔基州路易斯维尔市举行的赛马会，创始于1875年，是美国历史最悠久的赛马会。

卑、自豪、矛盾、接受，种种微妙情绪不一而足。它往往起到一种标识的作用，越卷曲的头发被视为越"非洲"，而越直的头发越"白人"。非洲裔美国女性花费巨资用于购买假发和发片，兴旺发达的美发产业为拉直非洲裔美国人的头发提供了多种多样的手段。许多老式直发剂含有碱及其他腐蚀性成分，使它们就像中世纪伊斯兰世界的脱毛药一样令人刺激和疼痛。事实上，如果保留在头发上太久不冲洗掉，某些直发剂会把本应该拉直的头发连根脱去。

多篇学术论文已经详尽分析了非洲裔美国人发型的重要性与微妙含义；我们无法在此一一详述。这是一块令人着迷的研究子领域。任何有兴趣从流行文化入门该课题的人，也许都可以从克里斯·洛克（Chris Rock）引人入胜的有趣纪录片《漂亮头发》（*Good Hair*,

2009）看起。如果你还不是洛克先生的粉丝，看了这部风趣幽默、见解深刻的影片后，你也会被圈粉的。

2011年，美国多地的美发沙龙遭遇了一连串头发失窃事件；价值成千上万美元的假发、发片和来自印度的原生发被盗。有人提出，《漂亮头发》也应该为此承担一部分责任，因其提醒了犯罪分子，售卖"热辣"美发能挣大钱。如果这种指责是有道理的，那么洛克先生的这部作品确实吸引了多种多样的观影人群。

2015年6月，媒体一窝蜂似的报道了蕾切尔·多尔扎尔（Rachel Dolezal）的离奇故事，这位金发白肤的白人女子不仅伪装成了黑人，还成了一位受人尊敬的民权活动家，升任为位于华盛顿州斯波坎（Spokane）的"全国有色人种促进协会"（National Association for the Advancement of Colored People, NAACP）的主席。记者和评论员立刻将目光瞄向她，表达出他们的愤慨、难堪、惊讶等种种反应。多尔扎尔女士"为什么"要变成非洲裔美国人是一个心理学上的复杂问题，但她是"怎么"变身的则直截了当：从头发下手。虽然她也用某种办法让自己的肤色变深——或许就是直接喷了一点棕色喷雾——但该骗局的基础，也就是使之奏效的因素，确是她染色并烫卷的头发。正如密歇根大学（University of Michigan）从事非洲裔美国人研究的教授玛莎·琼斯（Martha Jones）向《高等教育编年史》（*Chronicle of Higher Education*）所言：

> 她读过我们的学术研究和评论。她知道如果有一项因素可以干预她的自我呈现的话，那就是头发。我们都读过彼此为头发撰写的文章，还有全部关于黑人女性头

发的意义、影响力、象征性的文献可供查阅。她知道头发可以变换我们被人解读的方式。在旁门左道上，蕾切尔真是一名精明的人种学学者。

讽刺的是，多尔扎尔女士花大力气使自己的头发"像黑人"，而一代又一代的非洲裔美国人也在想尽一切办法使自己的头发"像白人"。每个人对于头发创造身份的力量似乎都有相同的理解。

不同于概括性地论述非洲裔的头发这项浩大的工程，我们接下来将把目光投向宗教与理发范围内两个对比鲜明的极端：拉斯塔法里教与"伊斯兰民族"（Nation of Islam）的发型。

拉斯塔法里

拉斯塔法里教作为一个重返土地的反主流

文化运动，于1930年代始于牙买加，最初吸引的是非洲裔加勒比成年人中经济贫困、受教育程度普遍较低的人群。自那以后，该运动就在变得越来越主流化，信仰的人群也越来越多样化，不乏学术造诣出类拔萃的倡导者与中产阶级的追随者。由于该运动起始于牙买加，人们往往以为正统的牙买加信仰与习俗就是一切留脏辫的"拉斯塔法里教徒"的规范。这是值得怀疑的。拉斯塔法里向来是一个具有多样性的运动，许多与其相关联的群体，比如多米尼加的"脏辫派"（Dreads），就与它们的牙买加表亲在理论上有重大分歧。了解了这一点，我们来简短地谈谈拉斯塔法里的牙买加根源。

拉斯塔法里运动受到牙买加黑人知识分子、政治家、记者兼企业家马库斯·贾维（Marcus Garvey）的部分启发。在他作为鼓舞人心的演说家、作家及商人的广阔事业中，贾维取得了巨大的成功,包括建立了一家先驱性的泛非洲裔组织——环球黑人进步联盟(Universal Negro Improvement Association, UNIA),还创办了"黑星运输"(Black Star Line)——一家航运公司,许多牙买加人相信这家公司的轮船可以将他们送回非洲的家乡。贾维关于非洲裔团结一致的教导,他在非洲建立了一个全黑人文明的梦想,以及他坚决主张的黑人自给自足、经济独立,启发了大范围的社会运动,其中就包括拉斯塔法里、众多视贾维为先知的教派,还有"伊斯兰民族"。拉斯塔法里创教神话的核心是贾维预言,"看非洲,当一个黑人加冕为王,获救的日子就近在眼前了!"(该预言的措辞来源有所不同,未确立定本。)

当拉斯塔法里·马康南亲王(Prince Rastafari Makonnen)于1930年加冕为埃塞俄比亚皇帝,夺得海尔·塞拉西一世(Haile

Selassie I)的头衔,一些牙买加人相信贾维的预言成了真。他们的救世主已经出现。对于牙买加的拉斯塔法里教徒而言,海尔·塞拉西一世,或者按教徒通常的称呼——耶和华(Jah,Jehovah 的简称),就是活生生的上帝,"神性(God Head),亘古常在者(The Ancient of Days)",尽管实际上,终其一生他本人都自称是一名埃塞俄比亚正教基督徒。

最初专注于将海尔·塞拉西当作《圣经》中所说的救世主崇拜的拉斯塔法里运动,于1930年代在牙买加的乡村地区小规模地开始了。它逐渐发展出一些独特的宗教习俗。仪式性地吸大麻(ganja,大麻 marijuana 的印地语名称,证明其可能受到来自南亚的影响)引起了民政当局的警惕,他们蓄的胡须一开始也招来了牙买加社会各界的鄙视。尽管拉斯塔法里教徒如今以他们的脏辫——纠结的浓密长发——最为有名,但在运动的早年,胡须才是拉斯塔法里教徒身份的特征。胡须导致他们丢了工作,于是他们过起了公社式自给自足的生活,发展出欣欣向荣的手工艺和小型商业经济。

随着拉斯塔法里教徒对《圣经》的研读越发深入,不少人得出结论,认为脏辫是上帝指定的发型。到 1960 年代初,拉斯塔法里教徒在"头发"的议题上分成了三大阵营——修饰整洁的"梳头派""胡须男",以及留脏辫的人们——为拿细耳誓约在现代的适用性以及留脏辫的宗教必要性争论不休。时至今日仍有老派的拉斯塔法里教徒不肯留脏辫,虽然几乎所有人都留胡子。

牙买加白人对脏辫相当恐惧,将这种发型视作野蛮未开化脾性的象征,而牙买加的有色人群倾向于认为胡须和脏辫土气、没品位,虽然下了苦功，尴尬的是却没几个人觉得这发型"美观像样"。

在绝大多数人口为黑人的加勒比小国多米尼加，脏辫招来的甚至不只是蔑视。一项被称为"脏辫法案"的法规于1974年获通过，授权警方无需拘捕令即可逮捕所见的一切留脏辫的个人，并且为留脏辫的罪行规定了刑期。留脏辫者通常被判服刑九个月，仅仅是因为他们的发型。而且，法律还规定，碰巧射杀了"脏辫派"的警察可得豁免，并授权普通民众对遇见的任何"出现在住宅内"的脏辫派开枪，这含混不清的条款令多米尼加人也觉得迷惑不解。该法案或许是自1838年以来西方政府宗教迫害的最严酷个案，而在当年，"密苏里44号行政令"批准将一切摩门教徒从密苏里州消灭和/或驱逐。44号行政令只不过生效了短短几天，而脏辫法案直到1984年才从法典中删除！截至当时，已经有数以百计的多米尼加脏辫派入狱服刑，几十人被枪杀。奇怪的是，许多这些早期的多米尼加脏辫派并不信奉海尔·塞拉西为神，也不称自己是拉斯塔法里教徒，尽管他们自然农耕的生活方式，使用大麻的仪式以及标志性的发型在很大程度上与牙买加正统拉斯塔法里教徒的习俗并没有什么区别。

对于那些留脏辫的拉斯塔法里教徒而言，他们浓密的长发是有《圣经》依据的，他们引用《圣经》的内容证明自己外表的合理性，包括《民数记》6：1—21记载的拿细耳人的规定，以及《利未记》19：27中的命令，"头的周围不可剃，胡须的周围也不可损坏。"（这一规定也向我们解释了极端正统犹太教男性两鬓卷发的由来。）除了源于天命，脏辫还是顺应自然的结果。脏辫是对耗费精力加工修饰外表的拒绝，这种加工修饰是一种奴隶制文化遗产；脏辫确实印证了留这种发型者的非洲特性。脏辫还象征着自由与精神解放，因为拉斯塔法里教徒注意到，修剪和梳理头发导向的是秩序井然、缺乏想象力、循规蹈矩的思维，而脏辫则是脱离羁绊的脑力与精神自由的标志，甚至是因由。大多数拉斯塔法里教徒会避免使用非天然的化学调和物如肥皂和香波，而是用草本浸泡液清洗自己的脏辫。女性拉斯塔法里教徒也留脏辫，但她们通常在外出时蒙上头发，所以她们的脏辫很难在公共场合见到。男性拉斯塔法里教徒有时也会把自己的脏辫蒙上，为了保持清洁与避免被人牵拉或损坏。就像同样不剪头发的锡克教徒一样，许多拉斯塔法里教徒相信头发也是有生命的，才不像科学家说的，是一缕缕无生命的蛋白质。

　　雷鬼音乐在全球取得现象级成功以及鲍

勃·马利[1]（Bob Marley）获得超高人气之前，脏辫在非拉斯塔法里教徒中并不十分普遍。当然，在今天，世界各地都能看到脏辫的造型。1993年，我惊讶地在遥远的中国西南部云南乡村见到了一个中国男人，留着令人过目难忘的脏辫。美国的白人大学生同样经常留脏辫，花费可观的时间与金钱在设法使欧洲人的直发变成纠结的发绺上；不过，这些留脏辫的年轻人中没几个会去遵守拉斯塔法里的教义。对于他们，脏辫是一种时尚呈现，往往并不承载什么宗教意义，尽管它也许暗示着主人的音乐品味。

伊斯兰民族

就像拉斯塔法里一样，"伊斯兰民族"

---

[1] 鲍勃·马利（1945—1981）：牙买加歌手、音乐人，雷鬼音乐的先驱。

(Nation of Islam，NOI)也相信上帝是一个黑人，不过他们说的不是海尔·塞拉西一世，而是一位神秘的叫作 W·D·法尔德（W. D. Fard）的地毯和丝绸推销员。我们对法尔德大师于1930年出现在底特律以前的生平没有确切的认知，而他在1934年的消失也从未得到解释。他似乎是从地球表面销声匿迹了。与耶稣十分相似，我们关于法尔德大师所知的一切都是基于短短几年间的公众讲道。（奇怪的是，在目前所知为数不多的几张法尔德的照片上，他看上去与其说是黑人，倒更像是欧洲人，或者也可能是中东人。）

法尔德最热忱的门徒以利亚·穆罕默德（Elijah Muhammad，原名以利亚·普尔 Elijah Poole，1897—1975）从1934年开始领导"伊斯兰民族"，直到他于1975年去世。以利亚·穆罕默德应为 NOI 独特的教义负责，这些教义使该宗教远远偏离了伊斯兰教正统。NOI最偏离伊斯兰的教义或许是,其宣称W·D·法尔德就是安拉,是真主在人间,而以利亚·穆罕默德则是一位先知。正统的穆斯林会断然拒绝这些主张。在伊斯兰教中,安拉从不化身为人,而穆罕默德是最后一位先知;他之后再不会出现先知。

以利亚·穆罕默德的启示也将一些科幻小说的元素引入了该信仰,比如他对"母轮"(Mother Wheel)的描述,那是一个由黑人科学家制造的庞大航天器,隐形于我们的太阳系中,他还宣称六千年前在拨摩(Patmos)岛[1]上,一个发疯的黑人科学家通过优生学计划创造出了白人。学者们提出,NOI既可以算是伊斯兰教的分支,也可以说是一个以UFO为根

---

1 拨摩岛:一个位于爱琴海中的希腊岛屿,据说圣约翰流亡时(自公元95年起)曾在此居住,见到了《启示录》中描绘的景象。

据的新宗教。

在以利亚·穆罕默德去世后，他的儿子、曾经研习过阿拉伯语和传统逊尼派伊斯兰教的W·D·穆罕默德接手了该组织，开始领导信众遵循正统逊尼派穆斯林的教义与习俗。他的行为驳斥了他父亲的那些独特教义。并不是所有的NOI成员都为本宗教的这次戏剧性的重新定位感到高兴。

一个对此心怀不满的分裂团体，由路易斯·法拉汗（Louis Farrakhan）领导，重拾了以利亚·穆罕默德原先的教义，于1978年恢复了NOI。重生的NOI信奉穆罕默德的黑人分裂主义教义，同时也继续强调辛勤劳动、生活卫生、清醒持重、个人尊严以及传统的性别角色的重要性。与NOI极其传统的道德教义相一致，虔诚的信徒以他们一丝不苟的梳妆打扮闻名。男人将自己的头发剪得极短，经常穿深色西装、打领结，而女人通常身穿长裙，头巾包头，以保持端庄体面。所以，尽管 NOI 的宗教教义在许多方面都算是彻底创新的，但其信徒的发型却反映出保守的价值观与坚定的自我管控。这些穿戴整洁、优雅庄重的 NOI 成员在装扮和仪态方面胜过了他们所排斥的白人社会，体现出一种精神化的非洲特性概念，即高度的纪律性与结构性。这使他们与拉斯塔法里教徒的脏辫体现出的非洲特性形成了鲜明对比，后者的非洲特性是自然、有机、田园、不羁、野性的。在神学理论和发型上如此迥异的拉斯塔法里和 NOI，却都在很大程度上同样发源于马库斯·贾维的思想。

通往印度

现在让我们把目光转向印度——打理头发的伟大传统的中心之一。在印度大部分的历史上,下三个"瓦尔纳"(varna,意即"种姓")的普通村民都会保持头发的整齐、干净,并为头发上油。不论男女都可能会在重大仪式或服丧期间剃光头,但让剃掉的头发重新长回来也是很正常的。

男性印度教徒传统上以"西卡"(shikha)发型为特征,这是位于头顶/脑后/中央的单独一簇头发,在囟门之后几英寸。在公共场合,人们经常把西卡打成一个结。如今主要在婆罗门[1]的寺庙祭司以及顽固的宗教保守派头上才能看到西卡——这些保守派中很多也都是婆罗门。在城市中从事世俗工作的婆罗门大多已放弃了这种发型。这种发型看起来像一根令人尴尬的细长雪茄,而且在印度的商界与职场上显得很过时。(当然,它在西方看起来绝对朋克

---

[1] 婆罗门:印度种姓制度中的第一等级,主要是僧侣贵族。

和反主流！）如今，大多数印度教男性留的都是整洁的短发，在南方还有非常高的比例留髭须。

婆罗门的已婚妇人传统上会把自己的长发编成牢固的辫子。一个不幸守寡的婆罗门妇人应剃光头，这是印度的标准服丧习俗，但随后她会被要求在余生中一直保持光头——还有衣服只穿白色，代表独身和死亡的颜色——表示她此生永远与情爱无缘。（然而在印度教中，寡妇是拥有再婚自由的。）

寡妇也承受着丈夫过世带来的指责与羞愧。（在乡村地区情况仍然如此。）命格好且够虔诚的妻子应该能够使她们的丈夫度过健康长寿的一生。如果丈夫先于妻子过世，那显然就是妻子的过错。在丈夫活着时，传统的婆罗门妻子每月应至少花三天时间斋戒并履行仪式，据信这样能确保丈夫的长寿。她们对待这一职责如此严肃的原因是很好理解的。

有趣的是,正统犹太教女性在婚前礼仪性的剃头标志着她正式进入性与生殖的世界,而婆罗门守寡女性的剃头则标志着她的退出。在犹太教与印度教各自的背景下,光头都清晰表示着女性在社会中的性/生殖地位,但这些没有头发的脑袋所传达出的含义却是截然相反的。这一戏剧性的特征就像暴力行为一样绝不会被弄错,但其意义和影响的区别简直无法更大。

较低种姓的女性往往能够免于终身剃发素服的耻辱。一般来说,种姓等级越低,寡妇越有可能保住头发。有些寡妇甚至可以再婚。

在印度,由于剃发通常用来表示与庆祝一种身份状态的转变,因此它既可以承载积极的、确认生命的含义,也可以承载否定生命的含义。几年前，我和妻子拜访了泰米尔纳德邦[1]（Tamil Nadu）一家以剃发仪式闻名的低种姓村庄寺庙。我们是被一位顽皮的知情人带到那里去的，他自认为是一名马克思主义者，拥有人类学学位，希望用他认为的印度教社会中的可耻弱点震惊我们。脱掉鞋子后，我们在寺庙的地面上步行了数百英尺，双脚在肮脏发黑的铺路石上摩擦、刺戳。苍蝇在庭院里铺满了巨大的厚厚一层，在我们行走时随着落下的脚步蜂拥而去，又在我们身后重新落地。在欣赏了两颗从新鲜献祭的山羊身上割下来的羊头后，我们被带进一个幽暗的混凝土房间，一个理发师正蹲在房内为一个三岁模样的光身子小男孩剃头。印度教的儿童通常在一岁或三岁时第一次剃头；民间信仰认为，头发带有孩子前

---

[1] 泰米尔纳德邦：位于印度半岛最东南端的一个邦。

世的业力印迹,而今生第一次的剪发可以把孩子从这些影响中解脱出来。我们看到,男孩的母亲随后把孩子带到附近的水龙头下清洗,并在他的头皮上涂抹一种用姜黄根粉和水制成的厚厚黄色糊状物。尽管这煎熬的过程颇为令人受伤,男孩却并没有哭,这是一个好迹象。他将在往后一生中接受许多次的象征性剃头,就连死后也有,因为在传统上,遗体火化前要进行全身剃毛。

正如我们已经看到的,一些苦行僧——即印度的宗教隐士——会将头发和胡子剃光,而另一些苦行僧则完全忽视这些,任由头发、胡须和指甲肆意生长。两个极端都表明了这些苦行僧对性和家庭责任的弃绝。

保守的毗湿奴派信徒(Vaishnava),也就是崇拜毗湿奴及其化身的印度教徒,仍会将大部分的头发剃去,只留下一条"西卡",即头顶/脑后的单独一簇头发。这就是上文所述的传统婆罗门发型。在西方，你能在国际奎师那知觉协会（International Society for Krishna Consciousness, ISKCON）——通称"哈瑞奎师那"（Hare Krishnas）——的成员头上见到这种发型。哈瑞奎师那是高迪亚（孟加拉）毗湿奴派（Gaudiya Vaishnavism）的一个分支，该教派以将毗湿奴的一个化身"奎师那"（Krishna）抬高到无上天帝的地位而著称。

不仅"西卡"与西方的朋克时尚产生了共鸣，哈瑞奎师那也在对直刃朋克（straight-edge punk）亚文化成员进行信仰宣传的过程中取得了一定成功，"直刃朋克"往往会欣赏 ISKCON 的反毒品、反酒精、反肉食、反物质主义及反滥交信条。甚至还有一个全球性的哈瑞奎师那朋克音乐亚流派叫作"奎师那核"（Krishna-core），在 YouTube 上可以找到不少视频。我已故的母亲如果看到也许会说，这些"真有意思"。

据来自哈瑞奎师那的知情人所说，西卡标志着留该发型的人是唯一真神奎师那的信徒。ISKCON成员曾半开玩笑地告诉我，在纯粹的信徒死后，奎师那会抓着他们的西卡将他们永恒的灵魂带往韦孔塔（Vaikuntha）——他的天国星球。更严肃地说，人们认为在佛教徒和耆那教徒还普遍存在于印度的时代，西卡起到了将印度教一神论者和那些"非一神论者"——剃光头的佛教徒和用手拔毛的耆那教徒——相区别的作用：一位救世神/一簇头发；没有救世神/没有头发。

哈瑞奎师那同时也持有一项印度教中的少数派观点，那就是相信佛陀为毗湿奴的一个化身——因此是一位神——而不是一个找到了通往超度或涅槃道路的人类。于是他们声称，毗湿奴化身佛陀下凡传播错误的教义，即神不应该被崇拜，也不能拯救追随者。他为什么要这样做？他投胎为人的目的就是要引导不信者和不配者远离真正的信仰，以确保他们堕入地狱。

倒回1970年代，当我在佐治亚州的乡村中学教书时，我的学生中也有不少人将类似心术不正的动机归结给了《圣经》中的上帝。带着孩童的天真，我的六年级学生肯定地告诉我，是上帝在创造世界时伪造了6000年前的化石记录，以此使那些摇摆不定的灵魂误入歧途。这两个关于神的欺骗的故事都以其过分、奸诈而且相当多余震撼了我。确实，即便没有一位无所不知而又鬼鬼祟祟的神在积极推动着人们去不信神，这个世界上也已经有了足够产生怀疑论的动力了。

"没有印度教徒,也没有穆斯林"

锡克(Sikh,意为"门徒")教的传统起源于 1500 年代的印度西北部旁遮普地区(Panjab),那是一个伊斯兰统治者和他们主要信奉印度教的臣民之间龃龉不断的时代。虽然宗教上的紧张关系引人注目,但这同时也是一个赋有创造性融合的时代。在苏非派[1]穆斯林礼拜主义以及与锡克教相关的印度教虔诚派运动的相互孕育下,新的礼拜形式和宗教音乐发展起来。

锡克教的创立者那纳克(Nanak,1469—1539),现称为古鲁·那纳克(Guru Nanak),就是印度涌现的众多伟大宗教奇才之一。在他还是个孩子时就已展现出了明显的宗教天赋。

---

[1] 苏非派:伊斯兰教一宗派,主张通过虔修默祷,生活简朴禁欲达到人主合一。

三十岁那年,他受到神的启示,开始踏上作为古鲁——也就是宗教导师——的道路。他曾神秘失踪了三天,在此期间人们还以为他在当地的一条河里淹死了,回来后那纳克宣布,"没有印度教徒也没有穆斯林,那么我该追随谁的道路?我要追随神的道路。"带着这条反宗派的主张,他开始了传教之旅。到去世时,他的改革运动已经获得了长足的发展。随后相继接任的九位古鲁继续传播信仰、组织宗教,直到最后一任古鲁戈宾德·辛格(Gobind Singh)声明,人类古鲁的世系已经终结;从此以后,锡克教唯一的古鲁将是他们的神圣经文《阿底格兰特》(*Adi Granth*)。

在那样一个印度教徒和穆斯林泾渭分明的年代,两个阵营以服装和发型建立了各自的宗教身份,只消一瞥即可区分,而那纳克则以他那多宗派的衣着打扮著称;他的衣装是印度教和穆斯林神职人员传统服饰的混合，但又从不属于以上二者，从而使他的身份归属难以辨别。似乎他并不是在创造一个竞争性的新传统，而是在将当时两个占有统治地位且互相对立的信仰协调统一。

结果，许多旁观者将锡克教的传统视作印度教与伊斯兰教信仰习俗精华的巧妙融合。虽然看似有道理，但这并不是锡克教徒自身的理解。他们将自己的宗教视为一种呈现真理的独特全新启示，只不过其中的某些部分在早先的信仰体系中有所显露。

该信仰创立的头两个世纪里，锡克教传统一直在持续进化中。那纳克之后的九位人类古鲁在位时，新的经文不断加入原先的《阿底格兰特》版本内，信仰逐渐规范化，礼拜中心——或称"谒师所"（gurdwara）——建造起来，信徒也开始组织自卫。最后一项是很有必要的。锡克教徒在穆斯林统治者手中面临着迫害,这些统治者感觉受到了这一新兴运动的极大威胁,甚至拷打并杀害了数名锡克教的古鲁。

第十位也是最后一位古鲁戈宾德·辛格显然已受够了这些。他废除了人类古鲁的传承,并且在1699年建立了卡尔萨(khalsa),一个锡克信仰内部的军事化教团,很快以其军纪严明、战斗剽悍赢得了广泛的敬意。卡尔萨在过去和现在一直都向男女同时开放,一切成员在加入时就放弃了自己的种姓——至少理论上如此——并且采用"5K"[1],即一种独特的衣着打扮,使锡克教的卡尔萨成员可以在社会上,特别是在激战中被立刻认出。(旁遮普语中,5K的名称均以字母K开头。)不是所有的锡克教

---

[1] 5K:分别是梳子(kangha)、钢镯(kara)、毛发(kesh)、短剑(kirpan)和短裤(kuccha)。

徒都是卡尔萨成员。

第一个"K"是"kesh",也就是毛发。卡尔萨成员从来不应剪短、修整、拔除、染色或改变任何毛发,无论在身体的何处,无论以任何方式。鼻毛、耳毛、面部毛发、耻毛,一切毛发都是神圣的,由神赐予,绝不应被除去或改变。与此同时,锡克教徒又大力强调庄重和清洁,因此他们的头发总是保持洁净、精心梳理,男性还会用包头巾包起来。

第二个"K"是"kangh",也就是梳子,卡尔萨成员会永远携带或头戴一把梳子(往往是在包头巾下面,像爆炸头的发簪一样插在头发里。)锡克教徒的头发有时能养到惊人的长度,或许是因为南亚人优秀的毛发基因,又或许是因为得到了精心养护。

举例来说:在我的女儿们还小的时候,她们有个小伙伴是锡克教徒,总是将自己的头发束在包头巾里。自然，我的女儿们想看看他的头发，尽管男孩的母亲不同意。有一次，趁我们大人忙着说话的时候，我的女儿们哄诱这小伙伴拿掉了自己的包头巾。他的头发一展开就壮观地披散到了背部的中间位置。到我们发现时，姑娘们已经把他的头发梳得整整齐齐了。我们惊讶地看到，这完全伸展开的头发甚至达到了靠近膝盖的位置。真是令人震撼的一幕。

锡克教徒强烈反对类似包皮环切的身体修改行为，因为他们相信，造物主创造的身体就是完美无缺的。不用说，当附近的穆斯林都在刮除腋毛和耻毛、剃髭须、割包皮、用散沫花叶粉染胡子时，锡克教不得篡改外貌的规定使卡尔萨成员一目了然。它也使卡尔萨成员在战场上无法隐于后方；他们的外表使他们只能忠心不二。锡克教徒也被禁止食用清真或犹太教中认为洁净的肉类。如果像有些人所说的那样，该宗教最初专注于调和本地区的各种信仰与习俗，那么到了卡尔萨形成的年代，锡克教徒已决心要强调自身的差异性。

锡克教的大多数皈依者原本都是印度教徒，他们将仪式性剃发的漫长文化历史带入了新的信仰之中。虽然大多数皈依者都能接受留长头发，但关于死者的争论很快又产生了。印度教徒相信遗体在火化前必须剃毛；锡克教的长老认定这种做法是不可接受的（锡克教徒普遍采用火葬，尽管土葬或海葬也是允许的）。头发绝不可以剪，甚至死后也不能。死者家属在服丧期间剃头的印度传统习俗也被一并禁止。这些关于头发的规定令一些新皈依者深感不安，以致他们又离开了该信仰。

2014年，一位名叫哈尔娜姆·卡乌尔（Harnaam Kaur）的卡尔萨年轻女成员面部毛发的照片出现在多个网站上，浏览量高达几百万，在媒体上掀起一阵波澜。显然，卡乌尔女士在青少年时期患上了多囊卵巢综合征，因此开始长出浓重的面部毛发。她经历了可想而知的青少年危机，尝试过许多脱毛的方法，却仍然遭到了可怕的霸凌。在她加入卡尔萨后，她最终结束了这一切自我折磨，接纳了自己的唇髭和胡子，将之视为天命。几年以后，当她的照片在网上引起轰动时，她一如往常地受到了铺天盖地的挑衅攻击。她以一封令人叹服的自辩书作为回应，自我接纳、宽容并尊重神创造给自己的身体，在很大程度上让那些批评她的人闭了嘴。

她遇到的令人难以置信的阻力和霸凌说明，人类对违反性别预期的人和事会产生多么激烈的反应。面部毛发这样一个纯粹男性的性别特征，是绝不可以在女性身上看到的。我们已经见过了一个对长着浓重胡须女人的比喻作出的世界末日般的反应,那就是在伊朗民间信仰中,一个有胡子的女人在某座清真寺布道即标志着世界的终结。有人怀疑,这些情绪化的反应是与生俱来的,而人们后天习得的文化成分只不过补充了其力量。

锡克教卡尔萨成员的外表使他们的身份在印度一目了然、毫不含糊。他们充分生长的髭须,茂盛的大胡子和经常是庞大的包头巾——他们的头发占据了不少空间——将他们区别于短发、留浓密的八字胡、不留胡须的印度教徒,留胡须而髭须很淡的穆斯林,以及要么剃光头、要么放任纠结长发肆意生长的印度教苦行僧。他们已创造出一种不会弄错的外貌,在印度人发型的竞争场上标出了自己独一无二的定位。可惜的是,印度之外的世界显得并不怎么理解印度严密的发型密码。在美国,锡克教徒频频成为针对穆斯林发起袭击的受害者，而穆斯林其实是他们的老对头。这简直是匪夷所思的歪曲。在坚决拒绝了穆斯林的衣装与发型规范并创造了自己有区别性的外貌后，锡克教徒还是被认作了穆斯林。这就像是留着莫西干头、身上各处穿孔的朋克一族被一致错认为"感恩至死"[1]乐队的乐迷一样不可思议。

2012年在威斯康星州奥克里克（Oak Creek），锡克教徒成为一名军队心理战退伍士兵发起的恐怖主义屠杀的受害者。这名前士兵在谒师所内杀害了六名、打伤了九名锡克教徒，后被作出反应的警官射中腹部，随后自杀身亡。他没有留下任何记录，所以他的动机并不确定。有人推测，他可能以为自己袭击的是穆斯林，虽然也有可能他就是以一切非欧洲裔

---

[1] 感恩至死（Grateful Dead）：1965年成立的美国摇滚乐队，属于朋克之前的一代，拥有一群庞大的死忠乐迷，称为"Deadhead"。

美国人为攻击目标。如果他真的看见包头巾就以为自己在杀穆斯林的话，那么他不仅是个杀人狂，还是个白痴——要知道，锡克教徒是美国唯一较大规模的戴头巾群体。（穆斯林在西方几乎从不戴头巾。）接下来你不得不对他在军队接受的训练感到疑惑。军队里都教了些什么？他是不是从没学过关于头发的词汇？尽管女性拉斯塔法里教徒和一些新兴宗教运动的少数成员也可能以戴头巾作为宗教习俗，但这些人的数量是极其稀少的。如果你在西方看到一个包着头巾的男人，你几乎可以肯定自己发现了一个锡克教的卡尔萨成员。

锡克教是最明显的以发型和着装将自身与穆斯林相区别的宗教之一，但还有许多其他大大小小的宗教创造出了将自己的追随者区别于穆斯林的发型习俗。例如，濒临绝迹的曼达派（Mandaean）——一个尊崇施洗者约翰（John the Baptist）的一神论中东诺斯替[1]信仰——其祭司从不剃头。相反，他们会把头发编成一个大辫子盘在头顶，然后用包头巾罩住。曼达派也主张，割去包皮的男人不能得到拯救。尽管他们的教义显示出与犹太教-基督教-伊斯兰教传统的明显亲缘关系，曼达派教徒却以这些外表上的区别确保他们绝不会因此被误认作穆斯林或犹太人。

天朝

在传统中华文化中，男子会留长发并将其在头顶盘成一个髻，往往以发簪固定。随后还要在头上戴帽子，将发髻隐藏起来。男子只有在私下时才会把头发放下来。在公共生活中，他们所戴的帽子清楚表明了他们的社会地位、

---

[1] 诺斯替教：公元2世纪基督教会的一场重要的异教运动，部分起源出现于基督教之前，信仰人的精神元素可以突破身体束缚。

职业或行当，以及教育程度。

不同手艺或行当的从业者以各具特色的帽子为标志，就连乞丐也是如此。通过各级科举考试的男子以帽子的象征宣告各自的等级。儒家社会重视了解一个人的位置，而位置只有在与其他人的对照中才能建构。幸运的是，一个敏锐的标志解读者总能在任何社会互动中确定他/她的相对等级，由此保持和谐融洽。帽子使做到这一点成为可能。

孔子也宣扬长辈晚辈之间关系的重要性。父亲要对自己的子女负起责任，反过来孩子也应顺从父母。孩子回报父母最重要的方式之一就是好好保留父母给予自己的身体。出于这一原因，儒家厌恶文身及其他身体修饰行为，因为即使父母已不在世上、不会看到你标记自己身体使他们蒙羞的事，他们不久也会发现的——你生前的形貌会被带到阴间。因此帝制时代的中国朝廷尤其喜爱以毁伤身体作为对犯罪行为的威慑与惩罚——黥、刵、烙、笞等刑罚受到青睐。罪犯的容貌不仅在生前,而且在身后也一样受到了毁坏。

当满清"鞑子"入侵者凝聚起对中原的统治并建立清朝(1644—1911)后,他们首先的要求之一就是让中原人民也必须采用满族的发型,否则一律处死。这令儒生们十分惊骇。满族的发型,一般称为"辫子",对于游牧民族的战士来说大有意义。这种发型是将头的前半部分剃光,并将余下的头发编成一根长辫子垂在背后。辫子发型可以确保在激战中不会阻挡视线,因此在战争和马背上是实用的,但对中原人来说,它看起来野蛮而可笑。采纳这样一种蛮夷的发型就是叛国,或者说这是中原人的道理。这将会是对明朝皇帝的背叛、对可敬文明的背叛,也是对祖先的背叛。更糟糕的是,作为野蛮征服者的发型，它看上去是那么愚蠢。数以万计的中原男子选择了被处死，而不是剃光额头留辫子，想必是为了带着他们完整无缺的荣誉、头发和审美观去见祖先。

在满清长达几个世纪的统治中，作为征服一方的"鞑子"在文化上却被中原文明的力量、深度与精致所制服。满族的风俗、服饰、礼仪甚至语言都慢慢被遗忘；到了二十世纪晚期，只有少数上了年纪的妇人仍然说满语。然而"辫子"却比满族文化的其他方面特征存续得更长远，一直保留到了帝国最后的日子。

贯穿整个清王朝，中原的反抗者针对满清统治者及其在中原的合作者发动了多次进攻。当然，反抗的原因有许多。饥馑、社会不公与经济困难煽动起很多短命的起义。期望驱逐异族统治者的本土主义运动也有一定吸引力，但唯一带来真实且持续力量的反抗却是宗教性的。如果一次反抗延续的时间足够让反抗者们长出头发,那么他们无一例外都会这么做。即便经过了几个世纪的一致强制剃头,中原人民依然将长发视作传统中华文化与文明的身份特征。长出头发是对满清蛮族风俗的拒绝,和对其非法统治的否认。

对清朝最严峻的挑战来自十九世纪中叶的太平天国运动。回想起来,"太平"一词仿佛是一种残酷的讽刺,因为这次反抗在被镇压以前已造成了超过两千万人死亡。该运动说明,不加适当警告地输出一种二元论千禧年宗教——本例中是基督教——所固有的危害。别的不说,就说新皈依者易于吹毛求疵地拘泥于经文本身,并且狂热地相信要一字一句地遵从那些古代的戒律,丝毫不顾及理性、学识或几百年来的传统就十分危险。然而,这场运动却有一个足够好的开端,始自落第书生洪秀全(1814—64)的幻觉经历。

就像许多聪明的男孩一样,洪秀全被家族送去读书,参加令人精疲力竭的科举考试。在传统的中国,考中状元就如同中了彩票;荣耀和财富将光临状元的门楣。可惜,就像许多心怀志向的考生认识到的,高中的几率只比抽中强力球[1](Powerball)号码高不了多少。洪秀全读书勤奋,却屡试不第。在又一次落榜后,洪秀全经历了一次精神崩溃,不得不被送回了家。随后的几个星期,他在一间上锁的房间里胡言乱语、狂呼乱动,好像在与恶魔搏斗。奇迹般地复原后,洪秀全描述了自己升上一个神圣天国的旅程,在那里,他的五脏六腑都被替换了,而且他还被带到一个威风凛凛、金色长

---

[1] 强力球:美国的一种彩票。

须的皇帝座前。[1] 皇帝称洪秀全为他的儿子,说他的使命就是回到人间惩罚异教徒、消灭恶魔。朋友们注意到,洪秀全因这次经历性格大变;他新近变得充满魄力、口齿伶俐、自信十足、善于游说。

几年后,洪秀全阅读了一系列基督教福音派传道士分发的小册子,启发他理解了自己的幻觉。不巧的是,这些小册子主要突出的是《圣经·旧约》中的严刑峻法,却鲜少提及宽恕、救赎或恩惠。对于洪秀全来说,显然那个天上的男人就是《圣经》中的上帝,他被告知要与之战斗的恶魔是满清统治者,而他自己则是上帝之子。反抗的种子已经种下了。

---

[1] 听上去,这与人类学文献记载以及米尔恰·伊利亚德(Mircea Eliade)的《萨满教:古老的出神方法》(*Shamanism: Archaic Techniques of Ecstasy*)中探讨的那种传统自发的萨满开端(shamanic initiation)十分相似;其大体结构则有点像现代外星人绑架的记述。

不出几年，太平天国运动就已从区区几个会众发展成为将近一百万信徒、有男有女的禁欲军队。清军十分惧怕这些披头散发冲锋陷阵的太平军，称呼其为"长毛鬼"。不同于长着头发的文明开化的中国人，这些太平军是披着毛皮的畜生或恶魔。假如太平军能依清朝以前的中国传统那样把长出的头发束好，他们或许本可以激起少一点的敌意与恐惧。他们原可以作长发的反抗者与叛军，而不是长毛的恶魔。看起来太平军的领袖完全知晓他们的狂野长发传递出的信息，从军事的角度看，这确实很奏效。

到1854年，太平军已经摆出了要攻取北京、控制全国的架势。假如他们用兵如神的话，我们今天也许会生活在一个完全不同的世界上。或许可说幸运地——反正对于太平军以外的所有人而言——他们出了一连串昏招，最终被包围在南京城的高大城墙之内，一直撑到1864年弹尽粮绝之时，这个土崩瓦解的帝国才最终被消灭。尽管清政府企图消除这场运动的一切痕迹，但由四处流窜的长毛鬼组成的土匪帮依然在中国的偏远地带使居民们恐慌了几十年。

蒙发

现代世界上，大多数人都以为女子遮面和蒙发是伊斯兰教的风俗。当然，事实的确如此，但女子蒙面的起源远早于公元600年伊斯兰教的创立。正如保罗在《哥林多前书》（约成书于53—57年）11：6所写，"女人若不蒙着头，就该剪了头发。"[1] 似乎这一命令只适用

---

[1] 有些学者主张，这段话是由某位后世的作者插进《哥林多前书》中的，因此事实上这不是保罗的意见。即使该主张可能是对的，也没有什么关系，因为从教会的早期开始，这些话就被相信是保罗本人所说的了。

于祷告时间，但女子，特别是上层社会女子蒙面的传统却可以追溯至久远的古时。在许多文化中，蒙面是一种保护，显示一名女子品行高尚、社会地位尊贵。对于下层社会的女子来说，采用精英的蒙面法是一种聪明的策略，因此该做法很快成了规范。于是不蒙面的女子会被当作伤风败俗，由此饱受此种看法带来的歧视。

西方的修女大部分已不再穿戴温帕尔头巾，也就是口头上被模糊称之为"道袍"的衣饰。（道袍其实是男女教士服的通称。）在现代人看来有碍观瞻的温帕尔头巾，曾经却是欧洲大多数上层社会已婚女性和社交活跃女性的标配。去一家好点的艺术博物馆看一看就知道了，或者去一趟希腊群岛也行，那里年长的基督徒女性仍在戴传统的蒙头巾。温帕尔头巾和伊朗或印度尼西亚女性的穆斯林头巾之间的区别不过是细枝末节；它们都令人佩服地成功遮掩了穿戴者的美貌,这恰恰就是它们的目的。

二十世纪初,现代化的独裁者如土耳其的穆斯塔法·凯末尔·阿塔图尔克(Mustafa Kemal Attaturk, 1881—1938)和伊朗的穆罕默德-礼萨·巴列维(Shah Mohammad Reza, 1919—1980)下令禁用面纱与头巾,作为快速推进社会现代化的一部分。据说,许多女性在公共场合暴露头发就感觉像是在裸奔;这让她们心中十分受伤。宗教保守派震怒于这由国家推行的伤风败俗、甚至淫秽下流之举——女人在公开场合抛头露面。但他们忍耐下来,等待时机。这两个国家如今都深陷于各自不可避免的宗教反冲期。

1990年代在土耳其安卡拉的中东科技大学(METU)——或许是中东地区最具声望的大学——我目睹了两场小型的学生示威活动。那时的土耳其还是一个官方意义上的世俗国家。

在第一场示威中,抗议全球化力量的左翼学生围堵了校园里的麦当劳快餐店,挥舞标语、高呼口号。这似乎足够无害——警察很快赶到,用催泪瓦斯驱散了学生;另一场示威则安静平和,由女性穆斯林保守派主导,她们违抗"教育机构内禁止出现穆斯林头巾"的国家规定,自己戴起了头巾。警察当然也用催泪瓦斯对付了她们,但在把这群并未反抗的女子拖去拘留的过程中还进一步对她们进行了恶意地殴打。对两拨示威者的区别对待令人侧目。看起来,那些安静戴头巾的女人比大喊大叫的左翼人士令警察恼怒得多。既然局面已经逆转,若同样的两场示威发生在今天,我估计警察的反应大概会调个个儿吧。

染发

染发的配方发明于大约 6000 年前,这意味着这些方子的设计比酿造啤酒的方子晚了几千年,但它们出现在人类文明中的时间依然早得令人吃惊。我们的祖先还有更多要紧的事去办。在大多数情况下,头发染色并没有什么重要的宗教内涵,尽管某些颜色——特别是金色与红色——在流行幻想中被人与放荡堕落联系在一起。虽然很多宗教都曾指责染发为轻浮无用,但就我所知,伊斯兰教是唯一讨论过染发的利弊,并认为该习俗于信仰有益的主流宗教。

　　首先我们来看金发。在罗马帝国(约公元前30年—公元470年)的全盛时代,几乎所有的公民天生都是深色头发。头发变得花白的罗马人会花费大力气让自己的发色变深,使用灰烬、胡桃壳、炭化蛋、蠕虫、水蛭等制成的染发剂。其中的有些成分大概并没有什么用。

　　头发变白的男人和女人普遍也会使用铅梳

子梳头，经年累月的铅残留会使发色变深，尽管与此同时，它大概也会对区区几英寸之下的小小灰色细胞产生负面作用。体面的女性在公共场合蒙发，异教的祭司在奉神时也蒙发。

浅色的头发属于异国风情，大多是在北部边境战争中俘虏来的奴隶头上以及妓女的头上可以见到，妓女们不将头发蒙上，而是任其披散。根据法律规定，妓女被要求要么把发色漂浅，要么戴上金色假发。久而久之，随着越来越多的北欧奴隶被带到南方，金发渐渐开始变成一种时尚。用奴隶的金发制作假发蔚然成风。卫道士们对此痛心疾首，但堕落的时髦席卷了罗马，就和今日席卷了西方文化差不多。

终于，就连稳重的夫人们也大胆展示起自己的金发，有的是自己的真发，有的是假发套。（许多用于打造金发的漂染剂在反复使用后会对头发造成极大的损伤，所以时尚女性最终还是有必要戴起假发套，因为大部分真发已经掉光了。）金发自此就留在了时尚舞台上。如今，它在西方文化中被理想化、浪漫化，被恋慕，实际上还被顶礼膜拜着。

　　似乎很有可能，金发与放荡之间的联系——绝不是直观可见的——始自罗马的妓女。罗马灭亡后，这种联系可能延续到了中世纪的英国，妓女通过戴起亮黄色的兜帽暗示自己在营业中。在一个鲜少有人知道怎么染发，且有相当多想必会厌恶被误认为性工作者的天生金发人群的文化中，这似乎是金发妓女主题合乎逻辑的进化。黄色兜帽仿佛是一个不会引发歧义的妥协方案。看上去有可能——即便本质上无法证实——金发与风尘之间关联的模糊记忆以某种方式被带到了当下，虽然是以一种净化后的形式。事实上在今天，金发美人们也许更能寻欢作乐，但如果他们真的这么做了，也未必要建立在生意的基础上。

奇怪的是,接触外来文明之前的萨摩亚人似乎曾是金发特质的狂热爱好者,利用石灰和热带的阳光将他们那精心制作、极富创意的发型的一部分漂染成黄色。这一定美极了。人类学家一直在试图重现欧洲人到来之前萨摩亚人的生活,而正如玛格丽特·米德(Margaret Mead)所发现的,这是个棘手的任务,特别是在需要考虑到两性习俗的地方。结果显示,萨摩亚人就像其他"原始"人一样,以误导多管闲事的西方询问者为乐。然而我们所知道的是,过去的萨摩亚人有许多空闲时间,其中很大一部分都贡献给了染发、剪发和为头发做造型上。早期的西方记录者纷纷震惊于他们遇到的各式花样百出的发型。

红发则完全是另一回事。首先,红发相对稀少,主要发现于北欧,特别是苏格兰和爱尔兰，尽管由于基因突变，红发或金发的个体远在美拉尼西亚也有出现，而患有夸希奥科病（Kwashiorkor）——一种危险的蛋白质缺乏疾病——的幼童，其深色的头发也会泛红。世界上最多有4%的人口拥有天生的红头发。欧洲以外红发之稀少，足以招致好奇或引起警惕。

有一种广为流传的人类设想，认为头发的颜色能表示一个人的性格气质。于是，红色头发的人往往被视为炽烈、多变、热情与任性的。玛丽昂·罗奇（Marion Roach）——《欲望之源：红发的神话、含义与两性力量》(*The Roots of Desire：The Myth, Meaning, and Sexual Power of Red Hair*) 的红发作者，断言称许多男人相信，红发女人在情事方面更加积极主动、不知满足，这也许是被归于红发人的最令人愉快的特质了。支持这一论点的证据纯粹是口耳相传。红发的男人则不相信这种刻板印象。

尽管如此，一般而言，红发在整个人类历史上的待遇却不怎么样。罗马喜剧中佩戴红色假发套是一种戏剧的简略表达法，告诉观众该演员扮演的是一名奴隶；莎士比亚笔下夸张讽刺的犹太放贷人夏洛克，传统上由一位头戴红色假发套的演员扮演。中世纪的基督徒相信，"犹大"们也长着一头红发。而且，我们还没提红发女巫呢！说到流行认知方面，红发的人们在整个历史上向来遭受打击，简直像是后妈养的孩子。在美国，最诡异的小丑是那种戴着鲜艳橙色或红色假发套的。奇怪的是，据说有些人倒是觉得这种小丑很好玩，虽然我问过的每一个人都认为红发小丑令人害怕。

红发人在世界历史中较为正面的形象之一是古埃及神祇赛特（Set）。当然，他是一位邪恶之神——红发暴露了这一点——冷血地杀死了自己备受爱戴的兄弟欧西里斯（Osiris）神，但好歹他有神力。对于红头发的人类（和牛）来说不幸的是，欧西里斯的崇拜者据说会献祭他们找到的一切"红头发"，依据是一个有些迂回的复仇理论：赛特是红头发，所以红头发的人类（和红色的牛）显然都是他的信徒。你杀不了赛特——人家毕竟是神——但你可以通过牺牲他的崇拜者来报复他。虽然红头发的人类在埃及大概非常稀有，但碰巧路过的爱尔兰冒险家会发现自己陷入了大麻烦。（牛——不管是红色还是什么颜色——在印度以外的世界各宗教中都挺倒霉。）或许是因为赛特，红色在埃及被视为邪恶的颜色。

公元前十三世纪，以法老身份和避孕套闻名的塞提一世（Seti I）与他的儿子拉美西斯二世（Ramses II）明显都是红头发。自然，他们崇拜赛特。他们在位期间带来了赛特崇拜的复兴，尽管在拉美西斯二世去世后，赛特的角色又重新被定为邪恶势力。

献祭红发人的观念似乎曾在古代世界广泛流传；在英格兰，迟至六世纪还有一条明显的常识是，制作最强的毒药要用一个红发男人的脂肪。不清楚这脂肪要怎样取得，不过几乎可以确定，那是红发男人不会乐意的办法。

在穆罕默德逝世后的头几个世纪里，伊斯兰教内就是否要给变白的头发和胡须染色展开了激烈的辩论。有学识的观察者们注意到，该教在这一议题上耗费了庞大到近乎难以解释的智力资本。你不会想到，这是一个千禧年宗教征服世界过程中急迫关切的问题。有趣的是，大多数讨论者相信穆罕默德认可的染料居然是……红色。

少数几位早期伊斯兰教学者主张，穆罕默德推荐的是黑色染料。一位声名狼藉的叙利亚圣训传播者祖赫里（Zuhri）是该观点的领袖，因为他误以为《律法书》[1]不允许犹太人把自己的头发染黑。他认为很显然，先知穆罕默德——至善之人——会在各个方面将自己与犹太人区别开来，包括头发与胡须的颜色。穆斯林批评家指出，祖赫里（多少有些有失名誉地）把自己的胡子染成了黑色，因此他的客观性值得怀疑，而他的立场最终没有占据上风。

在穆斯林学者为历史研究耗费了成千上万的工时以后，大多数人终于同意，先知拒绝男性染黑色，但接受散沫花（Lawsonia inermis）染料，这种染料可以把头发和胡须染成从粉红经橘红到亮红范围内的色泽。该观点在近一千四百年中一直占据主流，虽然仍不乏一些反对者。现代的共识是，使用散沫花是获得准许

---

[1] 律法书：又称"托拉"，是上帝向摩西启示的律法，记录于《旧约》首五卷，即《摩西五经》。

的，而且很可能是值得称赞的，即使很多学者仍然不相信穆罕默德真的染过自己的头发。

与同样在今天很常见的黑色染料相反，伊斯兰教对散沫花的认可显得出人意料，因为考虑到散沫花并不能满足男性染发最重要的传统功能：掩饰使用者的年龄。一捧橙色或红色的胡子差不多就是在高喊，"我衰老了！"当然橙色的胡子也可以成为宣告其主人虔诚与狂热的手段，特别是鉴于"穆罕默德用散沫花染发"的民间信仰。（几位早期的穆斯林宣称拥有几根先知的胡须，看上去曾经染过。）正如我们已经注意到的，模仿你的信仰创建者的造型通常都会受到称赞。

事实证明，用散沫花染胡子有多重好处。它不仅象征着宗教虔诚，还有可能改善视力，提高男性精力。年长的穆斯林男士不容错过。

5

恋慕头发

　　人类的头发有个不同寻常的奥秘。即便头发和指甲的成分十分相似,并且似乎同样可以用来实施感应巫术,但作为一种纪念物时,它们的吸引力并不等同,或者并不具有可比的情感价值。一个信封中装着的米克·贾格尔(Mick Jagger)的几绺头发——剪于1960年代——在2013年的一场拍卖会上拍出了6000美元(款项捐给了慈善机构),而在2011年,贾斯汀·比伯(Justin Bieber)剪下的头发在亿贝(eBay)上卖了40000美元之多。我怀疑米克或贾斯汀的脚趾甲碎屑应该没有办法卖出与此接近的高价,虽然我没有过硬的证据。看起来,就连肯定更有见识的科学现代人也会不由地认为,剪下来的头发提供了一种通往头发主人灵魂的连接。

收集与保存穆罕默德的头发和胡须从伊斯兰教创立之初就是一项十分重要的活动。到今天,有数家穆斯林圣所因据说藏有穆罕默德的须发而声名在外。朝圣者不远万里前来此地,以沉浸在他们相信由圣发散发出的灵力之中。或许是最有名的圣所位于克什米尔,距离先知生活与故去的地区十分遥远。穆罕默德的头发怎么跑到那里去了,几乎就像真十字架[1]的残片是怎么远达欧洲的一样,令人百思不得其解。

即使是严格的穆斯林也能接受对至善之人

---

[1] 真十字架:传说中耶稣殉难的十字架,其残片被中世纪的欧洲天主教徒视作圣髑。

穆罕默德一定程度的尊崇，但对许多穆斯林来说，崇拜他的头发则越过了偶像崇拜的底线。万一类似伊斯兰国（Islamic State）的团体占领了一家藏有先知头发或胡须的圣所，我们可以想见，建筑会被夷为平地，圣物也会被毁灭殆尽的。

超自然的头发

术士可以通过剪下后丢弃的头发或指甲操纵受害者，这样的观念在全球各地都能找到，使各文化都对那种我们现代人留在理发店地面上、等着被扫走并和垃圾一起扔掉的材料严加防范。一位来自加纳，成长于受过教育的现代化基督徒家庭的朋友说，他的妈妈只要带他去理发，就一定会将他剪下来的碎发仔细收起来。当他问为什么时，她说她只不过是在遵守老妇人们的无聊信条，纯粹是迷信，但是他注意到，她总是小心确保他的头发完全隐藏在垃圾堆里了，绝不可能被发现，并且还要确认不会被烧掉。

尽管人类的头部在印度教清洁律法中地位尊贵——身体上没有几个部位比头部更神圣又更容易弄脏——但印度的理发师都属于低种姓。高种姓的印度教徒不可避免地要允许低种姓的理发师触碰他们的头部，可习惯上他们又会把付款扔在地上由理发师去捡，因为触碰理发师的手是如此亵渎。理发过后需要立即举行净化仪式以恢复种姓纯洁。剪下来的头发会被仔细销毁，因为在今天的印度，许多村民相信头发会被术士拿去胡作非为。

"清洗头发可以净化灵魂"的观念也可以在非洲宗教中找到；这一信仰又被卖为奴隶的非洲人带到了美洲新大陆，这些人创造出了如伏都教[1]（Voudou）和萨泰里阿教（Santeria）一类的约鲁巴[2]-天主教（Yoruba-Catholic）宗教传统，保留了诸多非洲传统的格调与习俗，其中就包括通过仪式性洗发进行的灵魂净化。

正如前文已经提到的，中国在清朝时期（1644—1911），全国男性被要求采用满族统治者的发型，由此象征臣服。只有和尚和道士可以豁免。以任何方式篡改该发型都是一种招致死罪的大逆不道之举。这种野蛮人的发型一开始遭到了激烈的抵制，但随着时间的推移，男人们变得自豪且爱护他们的长辫子了。1768年，关于神秘费解的辫子失窃事件的故事开始四处流传，据说毫无防备的男人不知不觉间就被剪了辫子，引发公众一片哗然。

---

1 伏都教：和下文的萨泰里阿教类似，都是由约鲁巴人的原始信仰融合天主教的某些成分发展而成。
2 约鲁巴：居住在尼日利亚西南部和贝宁的民族。

很快多个省份均被卷入歇斯底里的情绪之中。四处传播的恐慌已处于失控的边缘。尽管实际丢失的辫子数目根本没多少（或许为零），恐慌却流行开来。谣传说罪犯是一伙叛出佛门的和尚，连同乞丐和三教九流的混混，几乎可以肯定是在施行巫术，将人的灵魂同头发一道窃走。问题的一部分在于，佛教的传戒师父往往会保留自己传戒的每一位僧人辫子上剪下的一簇头发，收集于剃度仪式上，因此确实有些和尚可能会在自己微薄的所有物中带上几条辫子。在普遍恐慌的状态中，这看上去似乎是施行巫术——或至少是某种不良行为——的铁证。如果不是为了作法害人，一个剃了光头的和尚为什么要带着几缕头发呢？

根据传言，剪辫受害者的生命力会随着头发被窃走，通过法术传给实物大小的剪纸人或剪纸马，这些纸人纸马就会活过来，被派出去盗窃抢劫。随着谣言越传越广，关于实际作案过程的描述也越来越玄乎，而我们拥有的唯一可靠的信息来自招供，通常是迫于拷打而做出的。正如我们现在知道的，这样得来的信息往往极为离谱。尽管如此，案情的基本轮廓还是清楚的。

开始作案时，罪犯会对受害者的面部吹上一把使人头脑昏沉的粉末，令其立刻失去反抗力。尽管这听起来似乎不大可能，但几名受害者作证，他们确实被人用这种方法弄昏或剥夺了行动能力。接下来，窃贼一把剪下受害者的辫梢并对其念诵魔咒，将受害者的魂魄转移到剪下来的头发上。随后，头发会被捆在纸人偶身上，因受害者被偷走的魂魄之力而活过来的纸人偶会被派到外面，像扁平的僵尸一样执行术士主人的邪恶意志。

我们或许可以想见，实际巫术的证据是稀

薄的，但社会上的恐慌却是实实在在的。领导着中国的士人阶层倾向于对鬼神之事持不可知论的态度，但普罗大众并非如此。地方衙门和朝廷当局对所谓"术士"的问罪相当积极，即便他们并不完全相信巫术的真实性。社会秩序受到了威胁，必须予以维护。如果不得不让一小撮无辜的和尚与乞丐受到拷打，好吧，那只不过是恢复稳定所要付出的小小代价。正如美国1980年代的"撒旦恐慌"与目前对恐怖主义的过度惊吓所展示的，现代人依然容易受到歇斯底里群体发作的影响。就像"剪辫惊魂"事件中惊慌失措的农民，我们现代人同样可以被区区几起逮捕、拷问嫌疑人的行动，以及假模假样的官僚性程序所安抚。（"除去你的鞋子和笔记本电脑并放入单独的小桶。解开腰带，确保清空所有口袋。"）幸运的是，中国人的剪辫风波只持续了几个月。

美洲印第安人同样相信，灵魂天生，或者说可以被留存在发绺中。

在北达科他州时，我曾参与过由一位受人尊敬的拉科塔族[1]（Lakota）的"持烟斗者"（精神首领）主持的汗蒸仪式，期间听到了几个神奇的传说，其中一个就与头发有关。蒸汽屋里比我预料的热得多，因此这个故事的细枝末节在我脑海中已有些模糊了。

仪式开始之前，首领给我们讲了一个警示的故事，是关于近期的一次仪式上，一个"坏人"在蒸汗期间起了歹念的事。在那场仪式当中，就在蒸汽屋紧紧关闭的同时，这个坏人却神秘消失在了稀薄的空气中，后来人们在许多英里之外的一座小镇上发现了头昏眼花、找不着北的此人，仍然在出汗，身上还穿着拳击

---

[1] 拉科塔族：美国南北达科他州的一个印第安部族。

短裤。

我们的仪式进行了一小时后,当热量达到极值时,我记得自己抽搐颤抖,脉搏像一个活塞般在我的头颅中"砰砰"撞击。我不顾一切地努力回想一些特别邪恶的事,只求自己也能被瞬移到魔鬼湖[1](Devil's Lake)的街道上去。虽然我模模糊糊地意识到,被人发现穿着内衣在大街上蹒跚而行是件尴尬的事,但在当时这似乎是我得救的最佳机会。不巧的是,我实在什么也没想起来。

奇迹绝少在需要它的时候发生。

汗蒸期间的某时,精神首领讲起了他最近是如何为几年前夭折的一个年幼印第安女孩释放灵魂的事。在女童下葬之前,她编起来的辫子已经被剪下并小心存放好。在她的忌日,一

---

[1] 魔鬼湖:美国北达科他州的一座城市。

群人将她的辫子带进蒸汽屋，为纪念她举行了一次汗蒸仪式。到仪式的高潮，精神首领释放了女童的灵魂。悼念者全都声称，他们听到了她的高声哭喊消失在远方，随着她的灵魂穿过夜空，盘旋升入了银河。他告诉我们，女童的灵魂被留在她的辫子里，必须将她释放出这个世界。我不知道这一过程是怎么做到的。

同北美洲一样，相信头发有力量困住灵魂及其各种能量的观念也可见于欧洲，虽然我们似乎没有特别意识到这一点。来看几个好玩的例子吧。我觉得最有趣的风俗是十八世纪的英国情侣互赠剪下的耻毛。有些浪荡子甚至会将情人的耻毛放在帽带里。（我猜他们一次只能以这种方式纪念一位情人；一个帽子上放几簇毛或许显得太卖弄了，或者可以说是下流。）在乔治王时代，耻毛被人们热情地保存在各种场景中。根据托尼·佩罗泰特（Tony Perrottet）

所说，圣安德鲁斯（St. Andrews）的博物馆档案室中依然保存着一个小匣，藏有"国王乔治四世（George Ⅳ）一位皇家交际花的阴阜上"采下的几绺耻毛。

遗憾的是，用查理二世（Charles Ⅱ）的情妇那显然十分茂盛的耻毛做成的魔力假发已经丢失不见了。在它风光的时候，这顶假发据说可以把性欲能量传输给戴它的人，于是贵族争相体验它的神奇魔力。最后一次被人看到时，这顶假发据称已经变得稀疏——或许是由于过度使用——还有好心人正在用自己情人私处采来的毛发为它修补秃点。在随后的维多利亚时代就没有听说这么多关于耻毛的故事了。

不过，维多利亚时代的人们喜欢用所爱之人的头发做成纪念物。发艺首饰被当作信物珍藏，特别是当头发来自生离死别的爱人时，但人们也会佩戴来源未知的头发做成的商品首饰。对我来说这似乎有点诡异，但还远远比不上父母按照夭折的孩子定做的肖像玩偶诡异。带着蜡制的脸庞和有重量的身体，这种栩栩如生（或许该说栩栩如"死"）的玩偶被陈列于殡仪馆内，然后作为纪念物带回家。使这种玩偶尤为瘆人的是，它的头上覆盖着从夭折的孩子头上剪下的真发。所以，当失去了头发的小小遗体在坟墓中腐朽时，真人大小的肖像玩偶却靠在已故孩子生前的卧室里，身穿孩子最好的衣服，头上是梳理完美的头发。那些留存下来的玩偶的面容在今天看来十分可怖。但许多玩偶依旧保留有漂亮的头发。

关于维多利亚时代用作悼念的头发，最古怪的一个事实或许是，几乎所有与逝者有关的人们如今也已不在人世。曾经对生者而言饱含深意的头发纪念物，现在已经变成了古玩。那些被纪念的人们，连同那些哀悼与怀念他们的人们，都早已化为了尘土。他们死去的头发却还活着。

美国——一座宗教狂热分子与生意人的灯塔，向来以其宗教创造力与创业活力著称。这两点都在耶稣基督后期圣徒教会（Church of Jesus Christ of Latter-day Saints，一般以他们的启示经文《摩门经》[The Book of Mormon] 称其为"摩门教"。）1830 年，随着《摩门经》的出版，欧洲裔美国人终于为美洲印第安人的起源找到了以《圣经》为依据的决定性解释——他们是希伯来失落部族的残余。这种解释如今早已过时。

1844 年，摩门教受到天启的创始人约瑟夫·史密斯（Joseph Smith）与他的兄弟海勒姆（Hyrum）被一伙暴徒拖出监狱杀死。追随者们没费什么时间就找到了殉道先知与他兄弟的圣髑。兄弟二人原本长眠的临时棺材的木料被用来做成了散步手杖。这些"殉道手杖"中最受人珍视的是那种手柄展示有小穗带的，这些小穗带由兄弟二人的头发编成，连在棺材盖上切下的玻璃盘之下。1857年，教会早期"十二门徒"之一的赫伯·金博尔（Heber Kimball）在一次布道中赞扬了这些手杖的灵力：

> 我要小心珍藏我的手杖，在我离开人世后，我会把它传给后代，并且教导他也要代代相传。总有一天，用这些手杖施法将治愈和保佑众多的人，而魔鬼无法打败拥有手杖者。

虽然金博尔先生没有精确说明这些手杖是怎么施法的，也没有详述其超自然力量的来源，但我敢打赌，是手杖上的头发施放了魔法。

6

结论

正如前文承诺的,我们不会为头发提出一个放之四海而皆准的理论。从这一趟全球头发风俗的快速之旅中可以清楚地看到,没有一套说法有可能足够解释一切。不过,有几条通用原则可供考虑。

人类的发型规则可被比作语言,其中的每个选项——剃发、修剪、造型、蒙发、染发——起到音位的作用。尽管不同的语言偏爱使用不同的音位,并将其以各不相同的方式组合在一起,形成表达含义的词与句,但人类语言中实际使用的声音单位数量是相当少的。发型处理方法的数量也同样有限。你可以对自己头发做的事就只有这么多,如果你能想到某种做法,那么某地的某人也早已做过了。然而,在当时当地,那人这么做的含义或许并不是你在此时此地所想的那一个。

少数几个音位拥有近乎全球通用的意义。例如,"ma"在大量的语言中都表示母亲。据推测,这是因为"ma"(或"mama")往往是婴儿最初发出的声音。("宝贝刚刚叫我了!")类似的推论也可以解释为什么"da"或"ba"(dada, baba)在各不相关的语族中经常都表示父亲。

与此类似,最平淡无奇的发型选择——剃掉/约束自由自在的生长/野性——也"倾向"于拥有四海通用的含义。女子蒙发的含义在世界各地也大致相同。一个探险家登上一片新大陆时,当他看到此处的成年女性都包住全头,即使不用说他也一定知道,这些女性已经不是单身了。可是就连这些基本的"音位"也可能展现出含义上的广泛差异。作为一种惩罚时，剃光头表示耻辱与羞惭，而相似的光头在白人至上主义者身上则代表克制的狂怒，在首席执行官（CEO）身上代表自信，在佛教僧人身上代表了断尘缘，在印度教徒身上代表近期生活的重大转变，而在拉科塔人身上则代表服丧。情况就是如此复杂。

即使在同一个文化中，某个特定的发型也可能拥有互相对立的多个含义。我们同样可以在词语中找到这种现象——词语的含意会不断发生变化。我记得自己曾努力向一位中国交换生解释，"bad"既能表示"很糟糕"，也能表示"特别棒"。这全看当时的语境，我向这位一头雾水的学生解释道。发型也是如此，而在不熟悉的环境中为此判断语境更是难上加难。

就连在我们自己的小小社区内部，我们经

常也无法理解本地小圈子里的口头俚语与微妙的发型准则。只需听听老一辈对孩子们语言与发型的抱怨!年轻人准确地知道他们的俚语与发型在表达什么,即便我们其他人根本没注意到其中的细微差别。当然,这样就对了。而当遇见与我们自身相差甚远的宗教与文化时,我们面临的挑战又增加了多少倍!在更加复杂微妙的发型处理法领域,宗教规定与文化背景是首屈一指的因素。

宗教利用发型建立身份,强调差别。在外人看来,三大中东一神教——犹太教、基督教、伊斯兰教及其众多小型的关联宗教——拥有庞大的共同之处,就像印度教、佛教与耆那教的许多种类在信仰与习俗上显现出共有的关联。对于各信仰的虔诚信徒而言如此重大的差别,客观上却远不及显著的重叠与相似性那么引人注目。于是有特色的服装与发型就成了差异、分离与主张独特身份过程中的必要方面。一旦要向上帝或神灵祈求,规则就常常要变得绝对而严格。这使规则得以延续千秋万代。发型的含义在世俗社会中的变化可以比在深度宗教化的社会中迅速得多,或者说看似如此。

作为使用象征符号的灵长目动物,虽然拥有聪明才智,我们在解读他人的发型时却易于犯下大量的错误与误读。在自己的家乡,我们倾向于假定自己文化中的所有成员对于发型的象征意义都有与我们一样的个人理解。在海外,我们经常以为他乡的人们拥有我们家乡社会一样的风俗。

如今说到不同的语言,每个人都知道翻译是必不可少的,而我们却以为躯体的象征意义四海通用。事实并非如此。(就像美国军队在伊拉克惊愕地发现,举起一只手在中东地区并不表示"停"。)我们尽可以放心地假定,我们遇到的各式各样胡子、头巾、盖头、发型与髭须的微妙含义几乎肯定与我们所想的不是一回事。

作为一种从遍布人类全身的毛囊中刺出的无生气死物,头发确实引发了其应当应分的热情、关注、在意、厌恶、愤怒、吸引与侮辱。不可否认,头发具有实实在在的力量——起码在人际关系的世界里,假如不提精神或超自然的领域。

在人类的一生中,平均花在折腾头发上的时间——剪、梳、刷、剃、拔、染、洗、造型——几乎比任一其他休闲活动都要多得多。而且我们还没法全部自己动手;大多数人都需要帮助才能完成。别说什么卖淫了——我敢肯定美发才是世界上最古老的行业。

发型的含义——你的发型与他人的发型——依观者的不同而不同,取决于每个个体的个人、文化、种族、性别与宗教身份的混合特质——当然，还有他们的政治、音乐、艺术、时尚与两性品味。纵使显而易见、平凡无奇且广泛普遍，头发依然是神秘的，拥有一种离奇的力量，能够使人受到吸引、震撼、惊奇、冒犯与困惑。你会以为人类到现在为止总该把头发的问题弄得一清二楚了吧——毕竟，从我们远古的原始祖先第一次发现泥巴、油脂、枯枝、羽毛和锋利岩石时起，我们人类就在打理头发了——可不知怎么的，答案总是从我们的指缝中溜走。

在最后的分析中，我们自豪又谦卑地意识到，关于头发唯一可以确定的一点是，无论被设计成怎样的风格与形状，它总是对每一个看到它的人意味着"什么"，虽然没几个人能对"什么"究竟是什么达成一致意见。

索引*

9/11 见"2001年9月11日"
1904 World's Fair 1904年世界博览会 33

Abraham 亚伯拉罕 40
Absalom 押沙龙 3-4
Adi Granth 《阿底格兰特》92
Adi Shankara 阿迪·商羯罗 56
Advaita Vedanta 吠檀多不二论 56
Afghanistan 阿富汗 47
Africa 非洲 23-24, 80, 113
African Americans 非洲裔美国人 46, 76-79, 84-86
Ainu 阿伊努人 20-21
Allah 安拉 39-40, 49, 84
American Civil War 美国南北战争 27
American Indians 美洲印第安人 36, 70-75, 115-117, 119, 122
Amish 阿米什人 60-62, 76
Ankara, Turkey 土耳其

---

* 本索引所示页码为原书页码,即本书边码。

安卡拉 104

Ann Arbor (MI) 安阿伯（密歇根州）8

anorexia 厌食症 21

antiwar movement 反战运动 6, 9

Applewhite, Marshall Herff 马歇尔·赫尔夫·艾普尔怀特 66-67

asceticism 禁欲 2, 52-60, 63 又见"独身"

Asia 亚洲 24, 36-37, 44, 63, 81, 93 又见"中国"；"印度"；"日本"

Atta, Mohamed 穆罕默德·阿塔 39

Attaturk, Mustafa Kemal 穆斯塔法·凯末尔·阿塔图尔克 103

Babylon 巴比伦 41

baseball 棒球 31-32

beards 胡子 见"面部毛发"

Beats 垮掉的一代 6

Benton Harbor (MI) 本顿港（密歇根州）27, 30

Bergholz (OH) 贝格霍尔茨（俄亥俄州）60-62

Bible 《圣经》 2-4, 13, 29, 30, 61, 70, 74, 80, 81, 90, 101, 102-103

Bieber, Justin 贾斯汀·比伯 111

Black Star Line 黑星运输 80

body hair 体毛 20, 22, 25, 35, 41, 42-43, 48, 49 又见"耻毛"

Book of Mormon 《摩门经》 118, 119

Brahmins 婆罗门 86, 87, 89

braids 辫子 见"脏辫"；"辫子"

Bromberg, Christian 克里斯蒂安·布朗伯格 47

Buddha 佛陀 90

Buddhaghosa 觉音 53

The Path of Purification 《清净道论》 53-

54

Buddhism 佛教 7, 11, 40, 52-55, 57, 90, 113, 114, 122, 123

Byzantine Empire 拜占庭帝国 64-65

Calvinists 加尔文派 见"清教徒"

castration 阉割 52, 64, 66, 67

celibacy 独身 28, 52, 56, 57, 60, 66, 72, 87, 122

Celts 凯尔特人 64

Cerularius 凯路拉里奥斯 65

Charles I, King of England 英格兰国王查理一世 13

Charles II, King of England 英格兰国王查理二世 117

China 中国 8-9, 35, 37, 45, 54-55, 83, 97-102, 113-115

Christian Israelites 基督教古以色列教派 28

Christianity 基督教 7, 13, 28, 40-41, 63-65, 73-74, 75, 76, 80, 97, 100, 101, 103, 108, 123

Chronicle of Higher Education 《高等教育编年史》 78

Church of Jesus Christ of Latter-day Saints 耶稣基督后期圣徒教会 见"摩门教"

circumcision 割礼，包皮环切 40, 94, 97

Claire Accuhair 克莱尔美发 44

Confucianism 儒家 98-99

Confucius 孔子 98

control 控制，约束 51, 60-62, 69-70, 74, 75-76, 122

counterculture 反主流文化 见"反战运动"；"垮掉的一代"；"嬉皮士"；"朋克"

Cranbrook School 克兰布鲁克学校 9

Cro-Magnons 克鲁马努人 33

David, King of Israel 以色列国王大卫 3-4

depilation 脱毛 4, 15-16, 17, 20, 33, 39-40, 42-43, 46-47, 48-51, 52-56, 57, 58-60, 69, 77, 95

Detroit (MI) 底特律（密歇根州）84

Dhammananda Bhikkhuni 丹玛喃达比丘尼 52-53

DNA 脱氧核糖核酸 23-24

dogs 犬 19

Dolezal, Rachel 蕾切尔·多尔扎尔 78-79

Dominica 多米尼加 81-82

Dread Act of 1974 (Dominica) 1974年《脏辫法案》（多米尼加）81

dreadlocks 脏辫 56-57, 63, 79, 81-83

dress codes 着装规范 10

Druids 德鲁伊 64

Duke University 杜克大学 5

dyeing 染色 见"染发"

effigy dolls 肖像玩偶 118

Egypt 埃及 42-43, 48, 49, 108-109

Eliot, John 约翰·埃利奥特 73-75

End Times 终结时代 28, 33-34

England 英格兰 109

English Civil War 英国内战 74

Enkidu 恩奇都 42

Epic of Gilgamesh 《吉尔伽美什史诗》 41-42

Ethiopia 埃塞俄比亚 80, 82, 84

Europe 欧洲 24-25, 103, 105, 107, 112, 117

Executive Order 行政令 44

(Missouri) （密苏里州）82

facial hair 面部毛发 33-34, 35, 36-37, 39, 40-41, 42, 43, 46, 47, 51, 61, 62, 63, 65, 72, 81, 87, 89, 93, 94, 95-96, 109, 110, 124

Fard, W. D. W·D·法尔德 84

Farrakhan, Louis 路易斯·法拉汗 85

fetishizing 恋慕 16

filial piety 孝顺 98

France 法国 11, 69

Freud, Sigmund 西格蒙德·弗洛伊德 35, 47

fur 毛皮 18, 25, 26, 34-36, 42, 101-102

Garvey, Marcus 马库斯·贾维 79-80, 86

gender identification 性别辨认 6, 8, 11, 27, 30-32, 33-34, 52-53, 54, 66, 71-72, 87, 95, 124

George Ⅳ, King of England 英格兰国王乔治四世 117

Gilgamesh 吉尔伽美什 见《吉尔伽美什史诗》

Good Hair（Rock）《漂亮头发》（洛克）77

Gowing, T. S. T·S·高英 36

Great Depression 大萧条 5

Great Peace 太平 见"太平天国运动"

Greece 希腊 42, 103

grooming 梳妆 见"头发造型"

Guru Nanak 古鲁·那纳克 见"那纳克"

habits 道袍 见"温帕尔头巾"

Haile Selassie Ⅰ, Emperor of Ethiopia 埃塞俄比亚皇帝海尔·塞拉西一世 80, 82, 84

hair coloring 染发 104-110

hair colors 发色 见"毛发类型学"

hair covering 蒙发 11 - 12, 13, 44, 76, 83, 85, 93, 96, 97, 98, 102 - 104, 105, 106, 122, 124

hair cutting 剪发 见"头发造型"

hair jewelry 发艺首饰 118, 119

hair removal 除毛 见"脱毛";"剃头"

hair straightening 拉直头发 77

hairstyling 头发造型
cultural significance 文化意义 2, 3 - 4, 6, 7, 8, 9 - 10, 11, 14 - 15, 16, 20 - 21, 27, 30 - 31, 34 - 35, 36, 50 - 51, 70 - 71, 76 - 77, 78 - 79, 81, 82 - 83, 85 - 86, 87 - 88, 89, 100, 102 - 104, 105, 107 - 110, 113 - 115, 121 - 125

social significance 社会意义 1 - 6, 7, 8, 9 - 10, 11 - 13, 14, 17, 18, 20, 22, 27 - 33, 36, 51 - 52, 70, 72, 73, 75 - 76, 77, 78 - 79, 85 - 86, 87 - 88, 89, 93, 97 - 98, 101 - 102, 107 - 108, 123, 125

hair typologies 毛发类型学 22 - 25

Hamam （土耳其浴）公共浴室 48

Hare Krishnas 哈瑞奎师那 见"国际奎师那知觉协会（ISKCON）"

Harvey, Douglas 道格拉斯·哈维 8

head shaving 剃头 8 - 9, 11, 44, 45 - 46, 51, 52 - 56, 58 - 59, 60, 63 - 65, 66, 67, 69, 71, 72, 114, 122

Heaven's Gate 天堂之门 66 - 67

henna 散沫花 110

Herodotus 希罗多德 42

Hinduism 印度教 46, 49, 55, 56 - 57, 86 - 91, 92, 94, 96,

112-113, 122, 123
hippies 嬉皮士 6–7, 8, 10
Hong Xiuquan 洪秀全 100–101
House of David 大卫教会 27–33
Humbert, Cardinal 红衣主教亨伯特 65
humiliation 耻辱 见"羞耻"
Hutchinson, Anne 安妮·哈钦森 73
hygiene 卫生 39–40, 43, 49, 83, 86, 93

identity 身份 1–2, 15, 51–60, 78–83, 86–102, 123 又见"非洲裔美国人";"美洲印第安人";"头发造型";"个体宗教"
India 印度 45–46, 55–56, 57–58, 77, 86–96, 113
International Society for Krishna Consciousness (ISKCON) 国际奎师那知觉协会(ISKCON) 89–90
Iran 伊朗 50, 95, 103
Iraq 伊拉克 124
ISIS 见"伊斯兰国(ISIS)"
Islam 伊斯兰教 7, 13, 33–34, 39–40, 46–48, 49, 61, 62–63, 76, 77, 84, 85, 91, 92, 94, 96–97, 102–104, 105, 109–110, 111–112, 123
Islamic State (ISIS) 伊斯兰国(ISIS) 112
Israelites 古以色列人 4

Jagger, Mick 米克·贾格尔 111
Jah 耶和华 见"埃塞俄比亚皇帝海尔·塞拉西一世"
Jainism 耆那教 57–58, 90, 123
Jamaica 牙买加 79–81, 82
Jamestown Colony 詹姆斯敦殖民地 71–72

Japan 日本 20-21, 35
Jesus 耶稣 7, 8, 84
John the Baptist 施洗者约翰 97
Jones, Martha 玛莎·琼斯 78
Judaism 犹太教 7, 13, 40-41, 44, 45, 46, 82, 87, 94, 97, 108, 109, 110, 123

Kabilsingh, Chatsumarn 乍素曼·卡比辛恩 见"丹玛喃达比丘尼"
Kaur, Harnaam 哈尔娜姆·卡乌尔 95
Kentucky Derby 肯塔基赛马会 76
keratin 角蛋白 18, 24
Key West (FL) 基韦斯特（佛罗里达州） 5, 12
khalsa 卡尔萨 93-97
Kimball, Herbert 赫伯·金博尔 119
Krishna 奎师那 89, 90
Kwashiorkor 夸希奥科病 107

lanugo hair 胎毛 21
Leach, E.R. E·R·利奇 51
"*Magical Hair*" 《神奇的头发》 51
lice 虱子 43

"Magical Hair" (Leach) 《神奇的头发》（利奇） 51
Mahavira 摩诃毘罗 57
Manchus 满族 98-99
Mandeans 曼达派 97
manipulation 发型处理 见"头发造型"
marital status 婚姻状况 6, 44, 48, 87
Marley, Bob 鲍勃·马利 83
Massachusetts Bay Colony 马萨诸塞湾殖民地 13
Mead, Margaret 玛格丽特·米德 107
men 男人 1-4, 5, 6, 8, 9, 10, 13, 19, 20, 21, 22, 27, 30-

32, 36, 46-47, 51, 52, 58-60, 61-62, 63-64, 67, 72, 75, 81-83, 85, 86-87, 97, 98-99, 108, 109-110, 113-114

Mennonites 门诺派 11-12, 76

Middle East 中东 40-41, 50, 76, 97, 123, 124

Missouri 密苏里 82

monastics 修士 见"禁欲";"独身"

Mongolia 蒙古国 45

Mormons 摩门教 82, 118-119

mourning 哀悼，服丧 42, 86, 94, 118, 119, 122

moustaches 髭 见"面部毛发"

Muhammad 穆罕默德 7, 40, 84, 109, 110, 111-112

Muhammad, Elijah 以利亚·穆罕默德 84-86

Muhammad, W. D. W·D·穆罕默德 85

Mullet, Samuel 塞缪尔·马利特 60-62

NAACP 见"全国有色人种促进协会（NAACP）"

Nanak 那纳克 91-92

Nashville (TN) 纳什维尔（田纳西州） 10

National Association for the Advancement of Colored People (NAACP) 全国有色人种促进协会（NAACP） 78

Nation of Islam (NOI) 伊斯兰民族（NOI） 79, 84-86

Native Americans 美洲原住民 见"美洲印第安人"

Nazirites 拿细耳人 2, 30, 81, 82

Nazis 纳粹 11, 60

Neanderthals 尼安德特人 24, 33

neoteny 幼态延续 19-20

NOI 见"伊斯兰民族

(NOI)"

North Dakota 北达科他 115-117

nudity 裸体 57-58

Oak Creek (WI) 奥克里克（威斯康星州）96-97

O'Connor, Sinead 希妮德·奥康娜 11

Path of Purification, The (Buddhaghosa) 《清净道论》（觉音）53-54

Paul 保罗 7, 13, 26, 61, 102-103

Pentecostals 五旬节派 76

Perrottet, Tony 托尼·佩罗泰特 117

Philistines 非利士人 3

phonemes 音位 121-122

piercings 穿孔 11

pigtails 辫子 见"辫子"

politics 政治 11, 15, 65

Poole, Elijah 以利亚·普尔 见"以利亚·穆罕默德"

pornography 色情作品 49

power 力量, 影响力 3-4, 6, 10, 15, 31, 36-37, 41-42, 47, 51, 56, 57, 72, 79, 101-102, 107-108, 109, 111-112, 115-117, 119, 122, 124

Powhatan 波瓦坦人 71-73

"Powhatan Hair" (Williamson) 《波瓦坦发型》（威廉姆森）71-72

pubic hair 耻毛 22, 26, 41, 43, 46, 47, 48-49, 50, 60, 93, 117

punks 朋克 10

Puritans 清教徒 13, 73, 74, 75

Purnell, Benjamin 本杰明·珀内尔 28-29

Quakers 贵格会 13

queues 辫子 98-99

Raël 雷尔 3
Rastafari 拉斯塔法里教 18, 63, 79 - 83, 84, 86, 97
Rastafari Makonnen 拉斯塔法里·马康南 见"埃塞俄比亚皇帝海尔·塞拉西一世"
razors 剃刀 42 - 43
religion 宗教 3, 4, 7 - 8, 11 - 12, 13 - 15, 18, 27 - 33, 39 - 40, 44, 45 - 48, 49, 60 - 62, 70, 72, 73 - 74, 75, 76, 79 - 83, 84 - 97, 102 - 104, 108 - 110, 112 - 113, 114, 122 - 123 又见"个体群体"
Renaissance 文艺复兴 50
renunciation 弃绝 见"禁欲"
Reza, Mohammad, Shah of Iran 伊朗国王穆罕默德-礼萨·巴列维 103
ritual 仪式 18, 46 - 48, 58 - 59, 64 - 65, 113

Roach, Marion 玛丽昂·罗奇 107 - 108
The Roots of Desire: The Myth, Meaning, and Sexual Power of Red Hair 《欲望之源：红发的神话，含义与两性力量》 107 - 108
Rock, Chris 克里斯·洛克 77
Good Hair 《漂亮头发》 77
Roman Empire 罗马帝国 105, 106, 108
Romney, Mitt 米特·罗姆尼 9 - 10
Roots of Desire, The: The Myth, Meaning, and *Sexual Power of Red Hair* (Roach) 《欲望之源：红发的神话，含义与两性力量》（罗奇） 107 - 108
Royalists 保皇派 74

Samoa 萨摩亚 106 - 107
Samson and Delilah 参孙与大利拉 2 - 3

Santeria 萨泰里阿教 113
scalp locks 头皮发缮 71
scarification 戒疤 55
sentimentality 感怀 2, 111, 117, 118, 119 又见"哀悼,服丧"
September 11, 2001 2001年9月11日 39
sexuality 性欲 6, 11, 15, 22, 25, 26-27, 29, 35-36, 42, 44, 48, 49, 51-56, 64-65, 66-67, 72, 76, 87, 89, 105, 106, 107-108, 110, 117, 122
Shakespeare, William 威廉·莎士比亚 33, 108
shamans 萨满 72
shaming 羞耻 8, 9, 60-62, 64, 88, 122
shikha 西卡 86, 89, 90
Shiva 湿婆 7, 56
Sikhs 锡克教 18, 39, 83, 91-97
slavery 奴隶制 76, 105-106, 113

Smith, Hyrum 海勒姆·史密斯 119
Smith, Joseph 约瑟夫·史密斯 119
sorcery 巫术 112, 113, 114-115
soul 灵魂 2, 18, 115-117
South America 南非 45, 46
Southcott, Joanna 乔安娜·索思科特 28
Spokane (WA) 斯波坎（华盛顿州）78
Stanford University 斯坦福大学 9
stereotypes 刻板印象 25, 31, 36, 74, 107-108, 123
Sufis 苏非派 91
sugaring 糖浆拔毛 51 又见"脱毛"
Sumeria 苏美尔 41
superstition 迷信 112-117, 119, 124

Taiping movement 太平天国运动 100-102

Taliban 塔利班 47, 49
Tamil Nadu 泰米尔纳德邦 88
Taoism 道教 113
tattoos 文身 11, 21, 98
terminal hair 端毛 见"体毛";"面部毛发";"耻毛"
Thailand 泰国 52–53
threading 细线除毛 51 又见"脱毛"
Tirupati Balaji Temple 蒂鲁帕蒂·巴拉吉寺庙 45
tonsuring 削发 见"剃头"
Torah 律法书 44, 109
Turkey 土耳其 103, 104

UFOs 不明飞行物 3
UNIA 见"环球黑人进步联盟（UNIA）"
Universal Negro Improvement Association (UNIA) 环球黑人进步联盟（UNIA）80
University of Michigan 密歇根大学 78
US Navy 美国海军 5
US Supreme Court 美国最高法院 63

Vaishnavas 毗湿奴派 89
vajibt 瓦基布特 50
vegetarianism 素食主义 28, 30, 32
veiling 以纱遮面 102–104
vellus hair 毫毛 21, 22
Victorians 维多利亚时代 36, 117–118
Virginia 弗吉尼亚 63, 71–72
virility 男性雄风 22, 31, 36–37, 51–52, 72
Vishnu 毗湿奴 45, 89, 90
Vorilhon, Claude 克劳德·佛里昂 见"雷尔"
Voudou 伏都教 113

Washtenaw County (MI) 沃什特瑙县（密歇根州）8

weaves 假发片 46, 77

wigs 假发套 43, 44 - 46, 77, 105 - 106

Williamson, Margaret Holmes 玛格丽特·霍姆斯·威廉姆森 71 - 72

"Powhatan Hair" 《波瓦坦发型》 71 - 72

wimples 温帕尔头巾 103

women 女人 4, 13, 19, 20, 21, 22, 26, 27, 30, 32, 33 - 34, 45 - 46, 48, 50, 51, 52 - 53, 58, 59 - 60, 61, 62, 64, 72, 75 - 76, 83, 85, 87 - 88, 95, 97, 102 - 104, 105, 106, 107 - 108, 122

World War Ⅱ 第二次世界大战 5

yoga 瑜伽 56 - 57

Zuhri 祖赫里 109 - 110

图书在版编目（CIP）数据

头发：赋能的符号/(美)斯科特·洛著；朱天宁译. -- 上海：上海文艺出版社，2021
（知物系列）
ISBN 978-7-5321-7903-9
Ⅰ.①头… Ⅱ.①斯… ②朱… Ⅲ.①头发－文化史 Ⅳ.①G112
中国版本图书馆CIP数据核字(2021)第034918号

This translation is published by arrangement with Bloomsbury Publishing Inc.

著作权合同登记图字：09-2016-822号

发 行 人：毕　胜
策 划 人：林雅琳
责任编辑：林雅琳
装帧设计：周志武

书　　　名：头发：赋能的符号
作　　　者：(美)斯科特·洛
译　　　者：朱天宁
出　　　版：上海世纪出版集团　上海文艺出版社
地　　　址：上海市绍兴路7号　200020
发　　　行：上海文艺出版社发行中心发行
　　　　　　上海市绍兴路50号　200020　www.ewen.co
印　　　刷：启东市人民印刷有限公司
开　　　本：787×1000　1/32
印　　　张：7.125
插　　　页：3
字　　　数：78,000
印　　　次：2021年5月第1版　2021年5月第1次印刷
Ｉ Ｓ Ｂ Ｎ：978-7-5321-7903-9/G·0315
定　　　价：42.00元

告 读 者：**如发现本书有质量问题请与印刷厂质量科联系　T:0513-83349365**

OBJECT LESSONS 知物

小文艺·口袋文库·知物系列

密码 _ 来者何人？
头发 _ 赋能的符号

玻璃 _ 过去现在未来故事三面性
时差 _ 昼夜节律与蓝调
兜帽 _ 隐匿于善恶之间
袜子 _ 隐秘的安慰

问卷 _ 潘多拉的清单
香烟 _ 是肖像，还是否像？
弃物 _ 游走在时间的边缘
面包 _ 膨胀的激情与冲突

即将推出（书名暂定）
树
地球

小文艺·口袋文库·33⅓系列

涅槃 _ 母体中
人行道 _ 无为所为
黑色安息日 _ 现实之主
小妖精 _ 杜立特
鲍勃·迪伦 _ 重返61号公路
地下丝绒与妮可
迈尔斯·戴维斯 _ 即兴精酿
大卫·鲍伊 _ 低
汤姆·韦茨 _ 剑鱼长号
齐柏林飞艇 IV

小文艺·口袋文库·知人系列

汉娜·阿伦特 _ 活在黑暗时代　　卢西安·弗洛伊德 _ 眼睛张大点
塞林格 _ 艺术家逃跑了　　阿尔弗雷德·希区柯克 _ 他知道得太多了
爱伦·坡 _ 有一种发烧叫活着　　大卫·林奇 _ 他来自异世界
梵高 _ 一种力量在沸腾

小文艺·口袋文库·小说系列

报告政府　著——韩少功　　群众来信　著——苏童
我胆小如鼠　著——余华　　目光愈拉愈长　著——东西
无性伴侣　著——唐颖　　致无尽关系　著——孙惠芬
特蕾莎的流氓犯　著——陈谦　　不准眨眼　著——石一枫
荔荔　——纳兰妙殊　　单身汉董进步　著——袁远

二马路上的天使　著——李洱　　请女人猜谜　著——孙甘露
不过是垃圾　著——格非　　伪证制造者　著——徐则臣
正当防卫　著——裘山山　　金链汉子之歌　著——曹寇
夏朗的望远镜　著——张楚　　腐败分子潘长水　著——李唯
北地爱情　著——邵丽　　城市八卦　著——奚榜